UMA OBRA COLABORATIVA
COM MAIS DE 30 AUTORES

FÉ · SONHOS · MOTIVAÇÃO · SUPERAÇÃO · DESAFIOS · RECOMEÇOS

OLHOS *de* ÁGUIA

HISTÓRIAS INSPIRADORAS
E JORNADAS VITORIOSAS

NEWCASTLE

Idealizador

WIN INSTITUTO

Idealizador do projeto: José Carlos Boito (**Instituto WIN**)

Diretor
Gustavo Martínez

Projeto Gráfico, Capa e Diagramação
Felipe Antonio Battistoni

Revisão
Editora Newcastle

Av. Orosimbo Maia, 611 - Vila Itapura, Campinas, SP
CEP 13023-002

Site: www.editora.newcastleidiomas.com.br
E-mail: contato@newcastleidiomas.com.br

Dados Internacionais de Catalogação na Publicação (CIP)
Aline Graziele Benitez - Bibliotecária - CRB-1/3129

Olhos de águia : histórias inspiradoras e jornadas vitoriosas.
1. ed. Campinas, SP : Newcastle English Center, 2025.
302 p.

Vários autores.
ISBN 978-65-987651-1-8

1. Histórias de vidas 2. Memórias 3. Narrativas pessoais 4. Trajetória pessoal de vida.

25-285300 CDD-920

Índices para catálogo sistemático:
1. Histórias de vidas : Biografia 920

OLHOS de ÁGUIA

SUMÁRIO

Apresentação

O livro **Olhos de Águia** é um projeto literário colaborativo que nasce da união entre a Editora Newcastle, o Instituto Win e mais de 30 coautores dispostos a compartilhar suas vivências com autenticidade, coragem e propósito.

Idealizado por Gustavo Martínez (CEO da Newcastle Idiomas & Editora) em parceria com José Carlos Boito (fundador do WIN Cursos e Treinamentos), o projeto tem como essência o poder do recomeço, da superação e da transformação pessoal. Cada capítulo é uma contribuição única — fragmentos de vidas reais que inspiram, provocam reflexão e revelam a força da vulnerabilidade como ferramenta de conexão e mudança.

A obra propõe mais do que a leitura de histórias: convida o leitor a ampliar sua própria visão de mundo, a reconhecer o valor de suas experiências e a encontrar, em cada relato, estímulo para seguir em frente com firmeza e sensibilidade.

Olhos de Águia representa um verdadeiro voo coletivo — onde cada voz se soma à outra para formar uma narrativa que ecoa coragem, fé e reinvenção. Com este projeto, a Editora Newcastle reafirma seu compromisso com publicações que impactam, transformam e inspiram.

Que cada página desperte o impulso de voar mais alto.

De enxergar longe.

De viver com *Olhos de Águia*.

WIN INSTITUTO   NEWCASTLE

GUSTAVO MARTÍNEZ

@gustavonewcastle

Gustavo Martínez

@PodCastleTV

newcastleidiomas.com.br

> ESTE LIVRO É UMA COLETÂNEA DE RENASCIMENTOS. E NÃO HÁ PALAVRA MELHOR PARA DESCREVÊ-LO DO QUE INSPIRAÇÃO.

Acredito que fé, somada à coragem, pode transformar limitações em combustível para prosperar.

Há mais de 20 anos atuo como gestor de pessoas e já presenciei histórias incríveis de superação — pessoas desacreditadas que conquistaram resultados extraordinários. Como fundador da Newcastle Idiomas, já impactamos mais de 50 mil alunos, graças a um time preparado para vencer na vida.

Sou palestrante, empreendedor e apresentador do *PodCastle TV*, onde compartilho conversas com pessoas movidas por propósito e fé. Também sou autor *best-seller* dos livros *Princípios Poderosos para Recomeçar* e *Liberte o Seu Potencial*, que convidam à transformação e ao protagonismo.

Grandes histórias quase sempre começam com pequenos passos e batalhas intensas. Que este livro desperte sua força interior e reafirme o poder de recomeçar.

Acesse o QR code ao lado:
conheça mais sobre o autor e escritor Gustavo Martínez e sobre a Newcastle Idiomas & Editora

PREFÁCIO: CORAGEM PARA RECOMEÇAR, ASAS PARA VOAR

Por Gustavo Martínez

Ser convidado para escrever o prefácio deste livro é mais do que uma honra: é a oportunidade de dar voz a histórias que merecem ser lidas com o coração aberto e os olhos atentos. Histórias reais, intensas e transformadoras. Histórias de pessoas que, em meio às dores, caíram, mas escolheram levantar. Gente comum que enfrentou desafios fora do comum — e que, em vez de desistir, decidiu lutar e construir uma nova versão de si mesma.

Este livro é uma coletânea de renascimentos. E não há palavra melhor para descrevê-lo do que inspiração. Aqui dentro, você encontrará relatos que provocam, emocionam, despertam e encorajam. Cada página é um convite à reflexão, à coragem e à ação. Porque, assim como a águia, que ao chegar na metade da vida se recolhe, arranca suas penas, quebra o próprio bico e se reconstrói — esses autores também passaram por esse processo de renascimento. E hoje voam mais alto do que nunca.

Talvez você esteja passando por um momento difícil agora. Talvez esteja cansado, desanimado ou até pensando em desistir. Se for esse o caso, respire fundo. Este livro chegou até você por um motivo: ele é um lembrete de que, por mais escuro que pareça o caminho, a luz sempre encontra uma fresta para entrar. E quando ela entra, tudo pode mudar.

As pessoas que escreveram estas histórias não nasceram com superpoderes. Elas não tiveram caminhos fáceis, atalhos secretos ou fórmulas mágicas. O que elas tiveram foi fé, resiliência, disciplina e uma decisão inegociável de não parar. Elas entenderam que o sofrimento pode até nos visitar, mas que ele não precisa morar dentro da gente. E mais: perceberam que, muitas vezes, é da dor que nascem os maiores propósitos.

Este livro me tocou profundamente. Tive o privilégio de conhecer cada um dos autores e mergulhar em suas trajetórias. E posso afirmar com toda a certeza: você não sairá desta leitura sendo a mesma pessoa que começou. Alguma chave vai virar aí dentro. Alguma ficha vai cair. Alguma parte sua vai acordar.

Por isso, leia com calma. Leia com entrega. Permita-se sentir. Permita-se refletir. Mas, acima de tudo, permita-se renovar. Porque a maior transformação acontece dentro, e cada uma dessas histórias é prova viva disso.

Aos autores, deixo meu reconhecimento e gratidão. Obrigado por abrirem o coração, por exporem suas cicatrizes e por mostrarem, com coragem e verdade, que o ser humano é capaz de superar qualquer dor quando encontra um propósito maior para viver. Vocês não apenas escreveram histórias, vocês acenderam faróis para todos que ainda caminham na escuridão.

A você, leitor, deixo um convite: permita que este livro desperte em você o olhar da águia — aquele que enxerga além das circunstâncias, que vê oportunidades em meio ao caos e que decide voar mesmo quando o céu parece fechado. Acredite: dentro de você existe uma força maior do que qualquer obstáculo. E quando você ativa essa força, o impossível se curva diante da sua fé, da sua coragem e da sua perseverança.

Boa leitura e um voo transformador.

José Carlos Boito

@josecarlosboitooficial

@winstituto

José Carlos Boito

winstituto.com.br

A ÁGUIA ME ENSINOU QUE, EM CERTO MOMENTO DA VIDA, PRECISAMOS ESCOLHER A RENOVAÇÃO.

Eu sou José Carlos Boito, mentor e treinador especialista em oratória e comunicação de alto impacto. Fundador do Instituto WIN, tenho orgulho de ser uma referência nacional no desenvolvimento de líderes e comunicadores. Minha jornada é marcada por superação e pela paixão de ensinar, dedicando minha vida a transformar a forma como pessoas e organizações se expressam.

Ajudo profissionais a vencerem o medo de falar em público e a se destacarem com autenticidade, clareza e confiança. Minha metodologia vai além da técnica: desperta propósito, fortalece identidades e liberta vozes silenciadas pelo medo ou pela insegurança, permitindo que cada pessoa reconheça o valor de sua história.

Mais do que ensinar a comunicar, acredito no poder de transformar vidas por meio da fala. Toda pessoa carrega dentro de si uma mensagem poderosa — e quando essa mensagem encontra voz, o mundo se transforma. Espero que o livro *Olhos de Águia* faça você voar ainda mais longe. Boa leitura!

Acesse o QR code ao lado:
conheça mais sobre o autor e escritor José Carlos Boito e o Instituto Win.

01

RENASCIDO COM OLHOS DE ÁGUIA: A VISÃO ALÉM DA DOR

Por José Carlos Boito

Sempre admirei a águia. Não apenas por sua imponência, mas pelo que ela representa: visão, coragem, altitude. A águia voa alto, enxerga longe e enfrenta a tempestade de frente — enquanto outros fogem, ela sobe acima das nuvens.

Mas, além disso, o que mais me impressiona é a história do processo que ela enfrenta para continuar viva. Em certo momento da vida, a águia precisa escolher: se renovar ou morrer. Ela então se afasta nas alturas, arranca suas próprias penas, quebra o bico, arranca suas unhas e espera crescer tudo de novo — um processo doloroso, solitário, mas necessário.

O Renovo não te devolve ao ponto de partida; ele te dá asas para voar mais alto do que antes.

Essa metáfora me acompanhou por anos, mas deixou de ser apenas simbólica no dia em que precisei viver meu próprio processo de reconstrução. E foi ali que aprendi: "ninguém perde por ser bom", frase que levo para a vida. Às vezes, a dor é só um chamado da vida para você enxergar com outros olhos, com *"olhos de águia."*

A queda que me levantou

Antes de tudo, eu era um sonhador em ação. Um empreendedor. Já havia montado alguns negócios, vivido altos e baixos e liderado empresas com paixão. Fazia algumas palestras, sim, mas os treinamentos ainda estavam por vir. A comunicação já era um valor, mas ainda não era uma missão.

Levava uma mensagem de esperança, de que era possível mudar, que existia uma nova maneira de viver; mas no meu coração ainda faltava algo.

Foi então que a vida me parou. Um acidente, súbito, inesperado, me lançou numa realidade que eu jamais havia imaginado: cama, cirurgias, cadeira de rodas. Mesmo entendendo a gravidade, afinal quase morri, eu acreditava que a recuperação seria rápida. Me programei mentalmente para alguns meses — foram cinco anos — em um processo que exigiu de mim não só resistência física, mas, principalmente, equilíbrio emocional e fé.

O acidente aconteceu no dia 2 de julho, justamente no aniversário da minha mãe, Elizete Boito. Uma mulher forte, presente, amorosa, que viveu intensamente comigo cada dia desse processo. No entanto, enquanto eu me recuperava, ela adoeceu. Descobrimos um câncer agressivo e, em meio à minha dor física, comecei a viver a dor de perdê-la. Ela partiu antes de ver meu recomeço completo, mas me deixou algo que nenhum tratamento pode oferecer: a força de uma mãe que nunca deixou de acreditar no filho.

Durante o difícil processo da doença da minha mãe, recebi o apoio de muitos familiares, já que eu também enfrentava problemas de saúde. Nesse período, a presença da minha tia, Ivonete, conhecida carinhosamente como "Netinha", foi fundamental. Ela é a minha segunda mãe. Esteve ao lado da minha mãe com amor, dedicação e carinho, e me amparou com a mesma força. Seu cuidado constante e generoso foi um verdadeiro sustento para mim e para toda a família.

Se eu resisti, foi porque nunca estive realmente sozinho.

Minha família foi o pilar que me sustentou neste processo; minha esposa, Selma, foi meu alicerce. Esteve ao meu lado com amor, paciência e fé. Nunca deixou minha dor silenciar meu sonho. Meus filhos, Matheus e Jéssica, foram âncoras e asas. Eles não apenas me apoiaram; eles estiveram presentes, foram minha motivação. Ver neles a esperança viva me fazia lutar um pouco mais a cada dia.

Meus filhos, meus maiores motivos. Eles não viveram só a infância; viveram também uma travessia. Enquanto cresciam, estavam cercados por médicos, cadeiras de rodas, limitações e ausências forçadas. Eram pequenos, mas carregavam uma maturidade silenciosa nos olhos que me ensinava mais do que qualquer adulto poderia ensinar.

Foram cinco anos de dor, de recomeço, de reconstrução, e eles estavam ali, crescendo no meio disso tudo. Não era justo que passassem por aquilo, mas passaram. E mesmo sem entender por completo, eles seguraram minha mão com uma força que me empurrava para frente. Em cada abraço, em cada olhar, havia uma esperança que me mantinha vivo.

Eles viram o pai cair, mas também viram o pai lutar. E hoje, eu sei que isso os marcou. Que esse capítulo de dor também os moldou em caráter, em empatia, em amor. Meus filhos não apenas sobreviveram à dor comigo; eles me ajudaram a vencê-la.

E em meio a tudo isso, apareceu um anjo chamado Eugênio. Um homem que mal me conhecia, mas que decidiu doar seu tempo, sua energia e sua amizade nos meus dias mais difíceis. Estava lá quase todos os dias, como se fosse irmão de sangue — hoje, é meu irmão de vida. Eugênio foi prova viva de que Deus envia pessoas certas nos momentos exatos. Um presente em forma de gente.

A dor foi coletiva. Minha família viveu comigo cada lágrima, cada incerteza, cada vitória. Por isso, hoje, tudo o que conquisto é também deles. Nada se constrói sozinho. E a verdadeira riqueza de um homem está no amor que ele recebe quando tudo o resto parece desabar.

O realinhamento da alma

A vida é feita de ciclos. E todo ciclo de dor vem com um convite ao realinhamento. Precisei reavaliar quem eu era, no que acreditava, e principalmente: por que fazia o que fazia.

E lógico: errei. Errei em algumas escolhas. Errei principalmente ao confiar demais em pessoas que não mereciam minha confiança. Paguei um preço alto, fui abalado emocionalmente, financeiramente, espiritualmente.

Teve momentos em que a distância para a reconstrução era tão grande e incerta que não conseguia enxergar os planos de Deus. Talvez você esteja passando por um momento assim, ou alguém que você conheça, em que a dor, as dificuldades são tão grandes que a esperança e a fé quase desaparecem. Acreditem: eu não fazia ideia da vida maravilhosa e abençoada que estava por vir.

Em meio à noite escura, não conseguimos imaginar as benções que teremos ao amanhecer.

Neste momento, teve uma pessoa especial, que fez toda a diferença.

Quando conheci minha esposa, ela já era mãe do Bruno Henrique, um menino que passou a fazer parte da minha vida como um filho. No momento de maior dificuldade da nossa família, Bruno assumiu o papel de cuidar dos irmãos com maturidade e responsabilidade.

Ele assumiu o papel que só os grandes de alma aceitam.

Sou extremamente grato pela sua atitude neste momento.

A queda não foi o fim; foi o realinhamento. A dor me forçou a voltar ao meu eixo.

E nesse processo, precisava realinhar, ajustar a rota; foi onde mergulhei no autoconhecimento.

Foi mergulhando em mim que encontrei os pedaços que minhas escolhas — e o mundo — tentaram arrancar. O autoconhecimento foi a ponte entre quem eu era e quem eu precisava ser para continuar.

Precisei de ajuda. Busquei, fui orientado, fui acolhido. Me reconstruí.

E foi nesse novo olhar que nasceu o propósito verdadeiro: ser ponte. Levar transformação. Ensinar o que aprendi da forma mais honesta possível, vivendo antes de ensinar.

Neste momento, houve também um amigo que foi uma voz que ecoava quando tudo parecia em silêncio: Daniel Nunes. Ele foi um incentivador determinante para o nascimento do *Instituto WIN*. Em meio à minha reconstrução, suas palavras me empurravam para frente: ele acreditava em mim quando nem eu conseguia acreditar totalmente.

O poder da palavra e do propósito

Descobri que a comunicação é uma ponte: ela conecta o invisível do coração com o visível do mundo. Aprendi que a oratória não é um dom; é uma decisão. Decisão de ser voz onde há silêncio, luz onde há escuridão, direção onde há confusão.

Mas minha missão foi além do palco e da fala. Criei um seminário de inteligência emocional que virou referência: a *Imersão Águia*. Olha o nome... não poderia ser outro. Uma homenagem à jornada que vivi e ao voo que ensinei tantos a fazer. Já são mais de 50 edições, transformando vidas com intensidade, verdade e profundidade.

Minha missão é clara: mostrar às pessoas o poder que nem elas conseguem enxergar em si mesmas. Por isso, desenvolvi também o treinamento *Shocking*, uma experiência criada para despertar a liderança emocional em quem passa por ele. É um choque de consciência, um reencontro com a essência, um despertar de gigantes adormecidos.

Com essas ferramentas, impactei diretamente milhares de pessoas; indiretamente, ainda mais. Porque cada vida transformada toca outras, e assim se forma uma corrente invisível de cura e propósito.

Algumas dessas pessoas hoje integram nossa equipe; sou muito grato a cada um que passou, principalmente aos que continuaram comigo. Mesmo nas dificuldades, continuaram ao meu lado.

"A borboleta, mesmo podendo voar por muitos jardins, volta sempre para aquela flor onde encontrou abrigo e alimento. Sua liberdade não impede de ser leal, ela escolhe, entre tantas possibilidades, permanecer onde foi acolhida."

Valorizo muito os talentos, mas mais do que talentos, valorizo a lealdade.

Hoje, como fundador do *WIN Cursos e Treinamentos*, aplico formações para comunicadores, oradores, treinadores e líderes que desejam mais do que técnicas; querem verdade, entrega e transformação.

Minha jornada não é feita só de acertos, mas de coragem para continuar evoluindo, mesmo quando erro.

Tudo o que vivi me preparou para isso. A minha dor virou ferramenta. Meu silêncio virou fala. E a minha queda virou impulso.

O voo que inspira

Se você está lendo isso e atravessa uma fase difícil, saiba: você não está parado, você está sendo realinhado. A dor não é um castigo; é um convite. É a vida dizendo: "Olhe com outros olhos."

E esses olhos... precisam ser como os olhos da águia.

Porque quando você aprende a enxergar com coragem, perspectiva e fé, as tempestades se tornam aliadas. Você não foge delas, você voa acima delas.

Recomeços não são fraquezas. São renascimentos. E renascer, meu amigo, é para quem tem coragem de se tornar novo, mais forte e mais verdadeiro.

Os ensinamentos de um homem íntegro

Esse capítulo não ficaria completo sem falar do meu pai, Célio Boito. É como abrir o coração e deixar escorrer lembranças que formaram quem eu sou. Um homem simples, mas gigante. Um trabalhador incansável, que mesmo diante dos dias mais difíceis, nunca perdeu a dignidade, nem o brilho silencioso nos olhos de quem ama em silêncio.

Ele não falava muito; mas quando agia, o mundo em volta aprendia. Com ele, aprendi que caráter não se impõe, se vive. Que palavra dada é palavra cumprida. Que homem de verdade não é o mais forte, é o que suporta em silêncio sem deixar que os filhos sintam o peso da dor.

Meu pai enfrentou lutas internas, superou limitações, engoliu o choro para continuar sendo pilar. Muitas vezes percebi o cansaço em seus olhos, mas ele nunca reclamava. Porque o amor dele era do tipo que constrói no silêncio e protege com presença.

Hoje, quando olho para trás, vejo que parte das minhas asas foram moldadas com os gestos dele. O homem que me ensinou, sem discursos, que não importa quantas vezes a vida tente nos dobrar, sempre haverá uma força dentro de nós, capaz de levantar.

E se hoje voo... é porque um dia, em silêncio, ele me mostrou como abrir as asas.

Para fechar o capítulo

O projeto *Olhos de Águia* nasceu do encontro de duas mentes inquietas, de dois corações movidos por propósito e vontade de transformar histórias em legado. Gustavo Martínez é mais que um parceiro nessa jornada, é o construtor deste projeto e irmão de visão. Juntos, demos vida a algo maior do que nós: um espaço onde outras pessoas também podem escrever, compartilhar e voar com suas histórias.

Gustavo já era escritor, com uma experiência admirável e uma sensibilidade que atravessa palavras. Sua trajetória foi essencial para que este projeto ganhasse clareza, profundidade e autenticidade. Com ele, cada etapa foi pensada com entrega, excelência e sentido.

Foi ele quem me inspirou a escrever a minha história. Não com pressão, mas com encorajamento. Com o olhar de quem vê potencial onde outros veem silêncio; sua confiança foi combustível. Sua presença, base.

Este livro carrega nossas ideias, nossas mãos e nossa missão. Porque Gustavo não escreve apenas com talento — ele constrói com alma. E se *Olhos de Águia* hoje se torna realidade, é porque dois homens decidiram unir seus dons para ajudar outros a voarem mais alto, com coragem, consciência e propósito.

ALEX DE MELLO CARDOSO

@alexdemellocardoso

escritoralexcardoso.com.br

TER UMA POSTURA FIRME E RESPEITOSA NOS AJUDA A ENFRENTAR OS DESAFIOS SEM DEIXAR DE LADO NOSSA ÉTICA.

"

Alex de Mello Cardoso é casado com Idevânia da Silva e é pai de Alex Junior e Alex Ruan. É também jornalista, escritor premiado, psicanalista clínico, palestrante requisitado e pastor-presidente da AD em Embu das Artes (SP). Autor de duas dezenas de livros, sendo a maioria deles sobre liderança, saúde mental e inteligência emocional. É ainda presidente-fundador do *Ministry Word of Wisdom*, uma organização filosófica fundada há mais de dez anos no Brasil. Nascido no Rio de Janeiro, capital, ele se denomina: "carioca de nascimento e paulista de coração", já foi paraquedista militar, montanhista e até halterofilista. Hoje, vive entre o Rio e São Paulo — uma ponte aérea celestial entre a leveza carioca e a intensidade paulistana. No púlpito, ora com a doçura de quem já viu o pôr do sol no Arpoador e prega com a convicção de quem já enfrentou a Marginal Tietê às seis da tarde de uma sexta-feira. É prova viva de que dá pra ter alma de praia, disciplina de capital, fé de gigante e ainda dar boas risadas. Porque, afinal, o bom humor é um dom... e ele distribui isso no sermão, no livro, na vida.

Acesse o QR code ao lado:
conheça mais sobre o autor e escritor Alex de Mello Cardoso e seus projetos.

02

NÃO SEJA UM VENDIDO: MANTENHA SEUS PRINCÍPIOS E VALORES, MESMO DIANTE DE DESAFIOS

Por Alex de Mello Cardoso

"Não é estranho que as pessoas tenham tanto prazer em lutarem pela religião, e tão pouco em viverem pelos preceitos dela? Quando os que comandam perdem a vergonha, os que obedecem perdem o respeito."

— *Georg Christoph Lichtenberg*

Clarice Lispector (1920–1977), um dos maiores nomes da literatura brasileira do século XX, lembra que: "Vivemos em um mundo onde tudo tem preço, mas quase nada tem valor, e as poucas coisas que têm valor, poucos sabem valorizar." Suas palavras são pertinentes e se encaixam perfeitamente com as observações feitas pelo jornalista e escritor uruguaio Eduardo Galeano (1940–2015): "Vivemos num mundo onde o funeral importa mais que o morto, o casamento mais que o amor e o físico mais que o intelecto. Vivemos na cultura da embalagem que despreza o conteúdo." Vivemos na era da violação dos princípios e da inversão dos valores.

Ao longo da história, testemunhamos incontáveis exemplos de indivíduos que escolheram abandonar os princípios que um dia defenderam, cedendo às pressões por poder, dinheiro ou vantagens materiais. Seja na política, nos negócios ou na religião, essas figuras se tornam tanto advertências quanto motivos para refletirmos sobre nossas próprias escolhas. É fácil, ao olhar para o passado, listar nomes conhecidos que mancharam suas reputações por agir contra a ética e a decência. Porém, esses casos, apesar de serem numerosos, acabam muitas vezes caindo no esquecimento, especialmente para aqueles que não foram diretamente afetados por essas atitudes e posicionamentos escusos. Algumas figuras, porém, ficaram irreversivelmente marcadas na história como símbolos universais da ausência de virtudes, que aceitaram comercializar seus valores, tendo seus nomes lembrados por gerações devido à sua má conduta por negociarem o inegociável. Um deles, que exemplifica claramente o ato de "vender-se", é Judas Iscariotes, o discípulo que traiu Jesus Cristo em troca de trinta moedas de prata. Aprendemos com a traição de Judas que a maldade pode vir de quem a gente menos espera. Judas teve o melhor líder, ouviu os melhores sermões, ele próprio pregou muitas vezes sobre o céu, mas estava indo para o inferno. Infelizmente, Judas deixou muitas cópias no mundo!

Esse episódio mostra o peso da traição e o nível de indignidade e desprezo associados ao ato de Judas, que serviu para revelar quem ele de fato era: alguém sem caráter, um negociador de princípios e valores. Um homem que, literalmente, vendeu-se. Um homem que se vende recebe sempre mais do que vale.

Judas tinha um coração corrompido, desviado de sua essência ou propósito original. Ele era uma exceção entre os discípulos, e seu comportamento ficou marcado como repreensível e inesquecível. É por isso que, ainda hoje, falamos dele como alguém que nunca devemos imitar. Ainda que alguém ande com a maior referência de caráter, como era o caso de Jesus, homens estão suscetíveis a desprezar tal virtude.

A história de Judas vai além de um simples relato religioso, e é por isso que escolhemos usá-la como base para o tema deste capítulo. Ela é um lembrete atemporal de como a falta de princípios não apenas define uma pessoa, mas também se propaga através das gerações. O nome "Judas" tornou-se ignominioso, sinônimo de traição, deslealdade e engano, sendo amplamente utilizado para descrever comportamentos traiçoeiros. Judas não é lembrado por bravura, bondade ou contribuições à comunidade; ele é marcado, sobretudo, pelo ato baixo, ignóbil e pelo preço que colocou em sua integridade! Judas foi infiel, ele quebrou princípios. E aquele que quebra princípios será quebrado por eles.

A traição de Judas envolveu 30 moedas de prata. Mas, mesmo que fosse apenas uma única moeda, já teria sido um erro absurdo. O verdadeiro problema não está na quantia, mas no fato de que ele escolheu se vender. Enquanto os outros discípulos mantinham seus princípios firmes, Judas se destacava negativamente, mostrando fraquezas que o levaram à traição. Sua história nos faz refletir sobre as consequências de abandonar nossos valores e sobre o impacto que isso pode ter quando deixamos de fazer o que é certo.

"Vender-se" pode ser entendido como o ato de comprometer ou abandonar valores e princípios pessoais em troca de algo considerado vantajoso, como lucro fácil, *status*, poder, dinheiro ou até mesmo aceitação social. Nenhuma traição dói tanto quanto aquela cometida por um membro da família ou um amigo próximo. A confiança, construída ao longo do tempo, torna a decepção ainda mais pesada quando quebrada.

Júlio César experimentou essa dor de forma intensa. Entre os conspiradores que planejaram seu assassinato no ano 44 a.C., estava Marcus Junius Brutus, alguém em quem César não só confiava sua vida, mas que também tratava como um filho. Essa proximidade torna o ato de Brutus ainda mais impactante.

De acordo com historiadores romanos, César inicialmente resistiu ao ataque organizado pelos senadores assassinos. No entanto, ao ver Brutus entre eles, empunhando um punhal, algo mudou. Chocado pela deslealdade de quem considerava um protegido, ele desistiu de lutar. Cobrindo o rosto com a parte superior de seu manto, pronunciou a frase que se tornou célebre: "Até tu, Brutus?"

César provavelmente não conhecia Brutus tão bem quanto pensava, e o mau-caratismo de Brutus foi revelado de forma brutal. Como escreveu Edward Earle Purinton (1878–1943), filósofo norte-americano: "O caráter é um triunfo de nossa determinação sobre a nossa inclinação", mostrando que o caráter é moldado pela capacidade de uma pessoa de resistir às suas inclinações ou impulsos primitivos, especialmente aqueles que podem levar a decisões ou comportamentos inadequados.

Embora César tenha morrido fisicamente, Brutus também morreu, só que moralmente. Um homem sem honra morre muito antes de sua verdadeira morte. Assim como Judas se tornou o símbolo de traição, a frase "Até tu, Brutus?" tornou-se um marco inalterável da deslealdade inesperada, especialmente daqueles de quem menos esperamos uma traição.

A decepção de Júlio César com a atitude de seu filho adotivo, Brutus, demonstra como a traição de alguém amado supera os danos imediatos, atingindo profundamente o coração e a alma. Isso, mesmo considerando que César havia sido nomeado ditador perpétuo. Assim como a traição de Judas Iscariotes, que vendeu seu Mestre por moedas de prata, o ato de Brutus nos leva a refletir sobre as consequências avassaladoras de abandonar os princípios em prol de interesses. No caso de Brutus, seus ideais republicanos o levaram a acreditar que César estava se tornando um tirano, mas isso, ao menos aos olhos de César, não justificaria aquela traição.

Seja por dinheiro, poder ou influência, a traição de alguém próximo é um alerta de como escolhas imorais podem destruir tanto a confiança quanto o legado, deixando marcas que atravessam gerações. Além disso, há o peso que a própria pessoa carrega. Judas foi descrito como alguém consumido pelo remorso, que o levou ao "suicídio". Brutus, por sua vez, escolheu tirar a própria vida durante uma batalha perdida, para evitar ser capturado.

Ambos participaram de conspirações — uma religiosa, outra política — e recorreram à mesma arma: a traição. Um caráter contaminado sempre usará recursos que refletem sua própria corrupção, como desonestidade, manipulação e falta de escrúpulos.

Esses atos mostram que uma pessoa insatisfeita com sua condição ou alguma circunstância pode ser capaz de abandonar qualquer virtude em busca de benefícios pessoais. Nos dias de hoje, especialmente com o impacto das redes sociais, estamos cercados por uma infinidade de indivíduos insatisfeitos, portanto, potenciais alvos fáceis para influências negativas que incentivam a busca por soluções imediatas, muitas vezes à custa de princípios e valores. São pessoas que não sentem felizes com sua aparência, corpo, condição social, profissão ou relacionamento afetivo, entre outros aspectos. E fariam de tudo para "resolver" essas questões.

As pressões pessoais, como as autocobranças, somadas às profissionais e culturais, testam constantemente nossas convicções, apresentando atalhos ou promessas sedutoras que nos afastam do que é ético e correto. No ambiente de trabalho, a busca incessante por resultados coloca frequentemente o indivíduo diante do dilema de manter suas convicções ou ceder à cultura da competitividade predatória. Aqueles que escolhem violar regras morais podem até alcançar resultados temporários, mas, ao terem seu mau-caratismo descoberto, acabam perdendo tudo aquilo que "conquistaram". É comum que muitos sejam contratados por suas competências técnicas, mas logo serão demitidos pela falta de caráter.

Um conjunto sólido de valores atua como o alicerce de uma vida bem-sucedida, resolvida e plena, orientando decisões e fortalecendo a identidade mesmo diante das maiores tentações. Esses valores oferecem clareza em momentos de dúvida, de sedução e servem como uma âncora ao enfrentarmos situações que colocam nossa integridade à prova. Um exemplo inspirador disso é a história do profeta Daniel, que, mesmo no exílio — separado de sua terra, cultura e fé — permaneceu fiel às suas convicções e recusou-se a se contaminar com o manjar do rei Nabucodonosor que contrariava seus princípios, ainda que fosse algo essencial, como a alimentação. Sua decisão evidenciou não apenas resistência, mas também comprometimento com sua essência e coragem para assumir responsabilidades por suas escolhas.

No dia a dia, enfrentamos situações que nos pressionam a abrir mão de nossos valores, seja no trabalho, nas relações sociais ou na busca por soluções mais fáceis. Ainda assim, como Daniel, podemos manter nossa integridade colocando em primeiro lugar aquilo que acreditamos ser certo. Ter uma postura firme e respeitosa nos ajuda a enfrentar os desafios sem deixar de lado nossa ética. Além disso, nossos valores são ferramentas práticas para construir relações mais saudáveis e tomar decisões com mais consistência, garantindo que cada conquista seja legítima e que a paz interior permanece intacta. Histórias como a de Daniel nos ensinam que a verdadeira força está em enfrentar os desafios sem abandonar nossa essência, ou seja, quem realmente somos.

Daniel era um homem de caráter que viveu em uma cultura que desafiava seus valores, mas, mesmo assim, não abriu mão deles, apesar de ter enfrentado consequências por isso. No final, sua história mostra que resistir valeu a pena. Manter nossos valores não é sobre ser rígido ou teimoso, mas sim sobre ter posicionamento, resiliência e discernimento. É uma atitude corajosa que fortalece quem somos e nos ajuda a evitar as armadilhas de um mundo que muitas vezes oferece recompensas vazias em troca de abandonar a nossa essência, o que realmente importa. Ao cultivar nossos princípios, conseguimos não só enfrentar desafios, mas também transformar o ambiente à nossa volta, sendo exemplos de integridade e motivando outros a seguirem pelo mesmo caminho. Afinal, preservar valores em momentos difíceis vai além de uma escolha individual; é um legado para todos.

Lidar com desafios éticos exige autoconhecimento, senso crítico e coragem para agir de acordo com nossos valores, mesmo quando isso significa enfrentar pressões externas. Muitas vezes, esses desafios aparecem na forma de pressão para se adequar às expectativas da sociedade, que podem surgir em mensagens sutis ou explícitas sugerindo que o sucesso ou a aceitação dependem de nossa capacidade de "se encaixar". As redes sociais têm intensificado esse fenômeno, promovendo comportamentos que seguem a maioria e recompensando aqueles que cedem para agradar aos outros.

Nas redes sociais, *likes*, comentários e compartilhamentos funcionam como moedas modernas, incentivando comportamentos que buscam aprovação, mesmo que isso signifique abrir mão da autenticidade ou dos próprios valores. Muitas vezes, as pessoas acabam adotando opiniões populares, estilos de vida aparentes ou atitudes que garantem mais engajamento, mesmo que estejam em conflito com suas convicções. Essa pressão digital reflete a necessidade de pertencer, mas também pode nos afastar de quem realmente somos. Não somos pessoas à venda, somos pessoas convictas de seus valores. Muitos se esforçam para parecer o que não são — pessoas simpáticas, amigáveis e acessíveis —, mas acabam abandonando seus princípios e não percebem que carisma sem caráter é uma catástrofe.

Para identificar desafios éticos nesse contexto, é importante parar e refletir sobre algumas perguntas essenciais: estou agindo de acordo com meus valores? Minhas escolhas estão sendo influenciadas pelo desejo de agradar ou de ser aceito? O que estou deixando de lado, consciente ou inconscientemente, ao buscar aprovação externa? Essas reflexões ajudam a trazer clareza diante de dilemas éticos e funcionam como um guia para tomar decisões mais alinhadas com nossa integridade. Em um mundo que muitas vezes prioriza a aparência em vez da essência, enfrentar desafios éticos exige coragem. Esse ato não só reafirma quem somos, mas também incentiva outros a pensar sobre suas próprias escolhas. No fim, é a integridade que dá valor real às nossas conquistas e relações.

Abandonar os próprios valores em busca de vantagens imediatas pode parecer uma solução fácil diante das pressões, mas as consequências geralmente são profundas e permanentes, servindo como um exemplo a ser evitado, como o de Judas Iscariotes. Quando alguém escolhe "se vender" — seja por dinheiro, poder ou aceitação —, não perde apenas sua integridade pessoal. Essa decisão também compromete a confiança e o respeito que os outros tinham por ela, algo que pode ser difícil, ou até impossível, de recuperar. Além disso, pode prejudicar até mesmo o legado e a história dessa pessoa.

Nos tempos antigos, a reputação era considerada um bem de alto valor, algo fácil de perder e difícil de recuperar. Ela era a base da credibilidade e influenciava diretamente como uma pessoa era vista pela sociedade. Por isso, as pessoas se preocupavam muito como suas ações e palavras eram percebidas. Isso nos mostra que a confiança, uma vez quebrada, é muito difícil de recuperar, e o legado de quem "se vende" quase sempre fica marcado pela falta de caráter, ofuscando qualquer conquista que tenha alcançado.

Por outro lado, manter os princípios mesmo em situações difíceis constrói um legado de respeito e admiração. A história de Daniel, que se recusou a comprometer suas crenças, é um exemplo de como a integridade pode inspirar gerações, provando que a verdadeira força está em permanecer fiel ao que é certo. Ser fiel aos próprios valores não é apenas uma escolha ética, mas também uma forma de construir uma vida de respeito, confiança e propósito. A habilidade pode nos levar ao topo, mas é o caráter que nos manterá lá.

Alinielen Hoffmann

@alinielen

A VIDA ME ENSINOU QUE NÃO PRECISAMOS SER PERFEITOS PARA INSPIRAR. PRECISAMOS APENAS SER VERDADEIROS.

Sou Alinielen Hoffmann, formada em Recursos Humanos, com graduação em Administração e pós-graduação em Gestão de Pessoas. Apaixonada pelo desenvolvimento humano, sigo em constante aprendizado e aprimoramento. Filha de pais batalhadores, aprendi desde cedo o valor do esforço, da fé e da família. Enfrentei desafios, superei medos e me reconstruí muitas vezes ao longo da vida. Cada fase, cada queda e cada conquista contribuíram para formar quem sou hoje: uma profissional dedicada, mãe presente, esposa parceira, mulher de fé e coração aberto.

Carrego comigo a leveza de um sorriso verdadeiro e o compromisso de inspirar e acolher quem cruza meu caminho. Neste capítulo, compartilho minha história com autenticidade e esperança, desejando que ela toque o seu coração e te lembre que sempre é tempo de recomeçar.

Acesse o QR code ao lado:
conheça mais sobre a autora e escritora Alinielen Hoffmann e seus projetos.

03

MINHA ESSÊNCIA

Por Alinielen Hoffmann

Sou Alinielen Hoffmann, natural de Campinas (SP), esposa dedicada, mãe de dois meninos incríveis, o Adriano e o Augusto, cristã, apaixonada pela vida e grata por tudo que me trouxe até aqui. Falar sobre mim é também abrir espaço para contar uma história marcada por fé, coragem e perseverança.

Desde pequena, aprendi a valorizar os detalhes, a importância da família e a beleza das pequenas conquistas. Cresci cercada de amor, com pais batalhadores que me ensinaram, pelo exemplo, o que é esforço, dignidade e resiliência. Meu nome, único e cheio de significado, já é um reflexo da minha essência: uma mulher determinada, com luz própria e uma profunda conexão com o que é verdadeiro.

O casamento me amadureceu, a maternidade me fortaleceu e a minha jornada profissional me moldou como mulher. Tenho orgulho da minha trajetória e dos caminhos que escolhi trilhar, mesmo quando eles foram difíceis ou exigiram mais coragem do que eu pensava ter. Cada passo me ensinou algo novo e me fez ser quem sou hoje: alguém que acredita no poder do amor, da fé, da gratidão e da transformação interior.

Família: o berço da minha força

Nasci em uma família simples e amorosa. Meus pais, Elenice e Matias, são pessoas admiráveis, com uma história de vida marcada pela coragem e determinação. Ambos vieram do interior do Paraná, de uma cidade chamada Francisco Alves, cidade carinhosamente conhecida como Chico Viola. O portal da cidade é uma enorme viola, símbolo que me remete ao cheiro da infância, à liberdade de brincar no barro, correr descalça, subir em árvores, alimentar os animais e viver a simplicidade do campo. Esses momentos, que vivenciava a cada dois anos nas visitas à terra natal da minha família, me ensinaram a valorizar as coisas mais essenciais da vida.

Meus pais chegaram à cidade grande recém-casados, com minha irmã Angélica nos braços, uma bebê de apenas trinta dias. Trouxeram consigo meio saco de feijão que é equivalente a 30 kg, muita esperança e disposição para recomeçar. Meu pai, que trabalhava na roça, iniciou sua nova vida profissional com muita garra e, com o tempo, conquistou seu espaço em uma grande empresa, onde atua até hoje como líder de turno, há mais de 34 anos. Sempre prezou pela estabilidade e nunca deixou faltar nada para nossa família. Ele representa, com suas atitudes, o verdadeiro significado de esforço e dedicação, é uma inspiração constante para mim.

Minha mãe, por sua vez, sempre foi dedicada. Trabalhou como cozinheira em uma escola para garantir que eu e minha irmã tivéssemos acesso a uma educação de qualidade e foi graças ao seu esforço que pudemos estudar em uma escola particular. No início, eu me sentia deslocada, tomada por um forte sentimento de não pertencimento. Era a aluna mais atrasada da turma em relação ao conteúdo, o que me deixava insegura e sem confiança. Mas fui acolhida por uma professora maravilhosa que me dava reforço todos os dias. Ela acreditava em mim, e com o tempo, passei a acompanhar o ritmo da turma. Minha mãe é uma mulher de fibra, dona de um coração gigante.

Abriu mão de muitos sonhos e desejos para cuidar de mim e da minha irmã e foi com ela que aprendi o verdadeiro significado da empatia, do cuidado e da presença. Hoje, ela é uma grande mulher que exerce com maestria o papel de avó, cuida dos netos com amor, carinho e sabedoria, sendo uma referência de acolhimento e parceria.

Sobre o meu nome e a construção da minha identidade

Sempre gostei de ter um nome diferente, mesmo que as pessoas tenham dificuldade para pronunciar ou lembrar. A história por trás do nome Alinielen é especial: minha mãe sempre gostou do nome Alini, e minha irmã, na época com apenas 5 anos, queria que eu me chamasse Elen, como sua melhor amiga da escola. Meu pai teve a ideia de unir ambos os nomes e todos gostaram. No início, pode parecer complicado, mas adoro explicar sua origem, afinal, meu nome é único, como cada parte da minha história. Quando descobri seu significado, fiquei emocionada: "Nobre em essência, graciosa em atitudes e iluminada por dentro. Um nome único para uma mulher que carrega luz, força e originalidade por onde passa." Isso diz muito sobre quem eu me tornei.

Primeiros passos, sonhos interrompidos e descobertas

Na infância, como muitas meninas cheias de energia e entusiasmo, sonhei alto, queria ser ginasta olímpica. Passei dois anos me dedicando muito aos treinos, encantada com a leveza dos movimentos, a beleza da disciplina e a adrenalina das apresentações. Era apaixonante subir nos aparelhos, sentir o frio na barriga antes de cada salto e me desafiar todos os dias. No entanto, esse sonho foi brutalmente interrompido por algo inesperado: uma doença rara que afetou minha musculatura. De repente, perdi todos os movimentos das minhas pernas e passei dias imobilizada. Lembro com nitidez do medo que senti, o medo de não voltar a andar, de não voltar a ser eu. Foram momentos de silêncio, oração e angústia. O repouso, os cuidados médicos e a fé me conduziram de volta, aos poucos, ao movimento e à normalidade. A ginástica ficou para trás, mas dali nasceu uma força interna que nunca mais me abandonou: a resiliência. Aprendi que, mesmo quando os sonhos são interrompidos, o aprendizado e a coragem podem nos levar para novos caminhos.

Na escola, eu era uma mistura de inquietação e entusiasmo. Não gostava de ficar parada e me envolvia em tudo que podia. Sempre na linha de frente, liderava minha turma, organizava atividades, disputava campeonatos e era presença certa em todas as competições esportivas. Era como se eu carregasse uma energia inesgotável e uma vontade ainda maior de crescer e conquistar o meu lugar no mundo.

Durante o ensino médio, decidi fazer um curso técnico em informática, buscando não apenas conhecimento, mas oportunidades. Era meu desejo começar a construir minha independência. Fui uma das primeiras da turma a conseguir um estágio remunerado e lembro exatamente da sensação ao receber meu primeiro pagamento. Era exaustivo conciliar os estudos com o trabalho, mas nada superava a alegria de conquistar meu próprio dinheiro, de comprar algo por conta própria, de saber que eu podia.

Antes disso, já havia tido pequenas experiências que despertaram meu gosto pelo trabalho. Nas férias e alguns finais de semana, eu ajudava em uma loja de utensílios domésticos próximo de casa. Foi ali, no atendimento ao público, entre prateleiras e embalagens, que percebi minha disposição para servir, minha empatia natural e meu interesse por pessoas. Cada etapa, mesmo as mais simples, me mostrava que eu estava no caminho de algo maior. Descobri que, apesar dos tropeços e desvios, a jornada sempre me levava a crescer e que cada desafio vivido seria mais tarde um degrau importante na minha caminhada profissional e pessoal.

Amor, companheirismo e construção de um lar

Aos 17 anos, vivi algo que mudaria para sempre a minha história: conheci o amor da minha vida. Meu esposo foi e continua sendo meu primeiro e único namorado. Em um tempo onde muitos valorizam o passageiro, escolhi o que é duradouro. Sempre fui diferente, nunca me importei em "seguir a moda" ou fazer o que todos faziam. Em vez disso, pedi a Deus alguém especial, que tivesse valores parecidos com os meus, que fosse companheiro, respeitoso, trabalhador e disposto a construir uma vida comigo, com base no amor, na fé e no propósito. E Deus, mais uma vez, foi fiel.

Desde o início, nossa relação foi marcada pela parceria, ele sempre esteve ao meu lado, acreditando em mim, mesmo quando eu ainda não acreditava tanto. Foi meu apoio nos momentos difíceis, meu ombro quando precisei chorar e meu incentivo para continuar. Juntos, enfrentamos desafios, tomamos decisões importantes e aprendemos muito sobre maturidade, diálogo e renúncia.

Construir o nosso lar foi uma das maiores conquistas da nossa vida. Cada etapa da planta à escolha dos acabamentos foi feita com esforço, com economia, com noites de planejamento e finais de semana dedicados a colocar, literalmente, a mão na massa. Muitas vezes, abrimos mão de passeios, compras e até de descanso, porque sabíamos que cada pequeno passo nos aproximava do nosso sonho. Não foi fácil. Houve cansaço, houve dúvidas, mas acima de tudo, havia amor e o desejo sincero de construir algo sólido, para nós e para os filhos que um dia viriam.

Hoje, quando olho para a nossa casa, não vejo apenas paredes, móveis e objetos. Vejo histórias. Vejo um casal que escolheu crescer junto, que superou dificuldades e que decidiu permanecer. Cada canto do nosso lar carrega um pedacinho da nossa luta, da nossa união e da nossa fé.

Ele é minha inspiração diária, um homem íntegro, trabalhador, presente e cuidadoso. Um verdadeiro exemplo de esforço e responsabilidade, que me inspira a continuar evoluindo. Construímos não apenas uma casa, mas uma vida. E seguimos, de mãos dadas, sonhando novos sonhos, enfrentando novos desafios e, acima de tudo, sendo gratos por tudo que já vivemos juntos até aqui.

Chamada para o propósito: o RH humanizado

Durante muito tempo, eu me questionei sobre qual seria o meu verdadeiro propósito. Trabalhei em diferentes áreas, desempenhei diversas funções, mas sentia que ainda não havia encontrado algo que realmente me completasse. Eu queria mais do que apenas bater metas, cumprir tarefas ou subir na carreira. Queria sentir que meu trabalho fazia sentido, que tocava vidas e que, de alguma forma, contribuía para um mundo melhor. Foi nesse processo de autoconhecimento que o universo do RH se revelou para mim e foi como encontrar uma peça que faltava no meu quebra-cabeça pessoal e profissional.

Iniciei meus estudos na área por meio de um curso tecnólogo em Recursos Humanos e, logo de início, senti uma conexão profunda com os conteúdos. A cada disciplina, eu descobria que existia um jeito diferente de olhar para as pessoas nas organizações, um jeito mais humano, empático e respeitoso. Continuei minha formação com uma graduação em Administração e, em seguida, uma pós-graduação em Gestão de Pessoas, buscando me aprofundar ainda mais nesse universo. Mas foi fora das salas de aula que encontrei minha grande mentora Sulamita Dutra.

Sulamita foi um divisor de águas na minha trajetória. Mais do que ensinar técnicas ou ferramentas, ela me mostrou que é possível fazer RH com alma. Que é possível enxergar o colaborador como um ser humano completo, com uma história de vida, com dores, sonhos, lutas e conquistas. Com ela, aprendi a ouvir com atenção, a acolher com empatia. Ela me fez entender que o RH não é apenas uma área operacional ou burocrática, é um espaço de transformação, de cuidado e de construção de pontes entre as pessoas e seus potenciais.

Foi a partir dessa vivência que decidi me dedicar à construção de um RH verdadeiramente humanizado. Em 2018, dei início à minha atuação como autônoma em parceria, estruturando áreas de Recursos Humanos em pequenas e médias empresas, desenvolvendo processos seletivos mais conscientes, valorizando a escuta ativa, o olhar individualizado e o respeito à história de cada candidato. Comecei a perceber que eu não queria apenas preencher uma vaga; queria ajudar cada pessoa a encontrar o seu lugar no mundo, o seu espaço de realização e pertencimento.

Com o tempo, ampliei meu trabalho para mentorias de elaboração de currículo de excelência, videoaulas, *e-books* e projetos voltados à recolocação profissional. Estou vendo mulheres e homens encontrarem sua autoestima após longos períodos desempregados, vendo jovens sendo contratados para seu primeiro estágio e mães voltando ao mercado com brilho nos olhos. Cada história é única e reforça a certeza de que estou no caminho certo. O RH, para mim, é uma missão.

Hoje, carrego comigo o compromisso de ser uma ponte entre pessoas e oportunidades. Acredito em processos seletivos justos, em lideranças que inspiram e em empresas que reconhecem o valor humano acima de tudo. E, sempre que posso, volto à origem de tudo isso: a semente de humanização que foi plantada em mim e que hoje floresce em cada pessoa que cruza meu caminho.

Família em expansão e novos ciclos

Sou mãe de dois filhos incríveis: Adriano, que me ensina todos os dias sobre sensibilidade, força e doçura, e Augusto, que chegou para iluminar ainda mais minha jornada. Tenho também um sobrinho, Anthony, inteligente e carinhoso, que trouxe ainda mais alegria para nossa família, e uma sobrinha, Melissa, doce e delicada, que veio para equilibrar tudo com seu jeitinho especial.

A vida com propósito

Encontrar o meu propósito está sendo um processo que vem sendo construído aos poucos, em meio a experiências, desafios e descobertas. Desde muito jovem, sempre fui muito dedicada e comprometida com aquilo que me propunha a fazer. Tinha uma vontade constante de aprender, entender como as coisas funcionavam e me desenvolver. Sou apaixonada por estudar e adquirir conhecimento. Gosto de fazer anotações, assistir aulas, pesquisar, planejar. Mas, confesso, às vezes me perco em meio a tanto conteúdo. É tanta coisa que quero aprender, tantas ideias que surgem, que acabo me desconectando do que é essencial. Nesses momentos, aprendi a parar, respirar fundo e retornar ao eixo. Esse é um dos grandes aprendizados da vida, saber pausar, ajustar e recomeçar.

Sempre gostei de fazer a gestão dos meus próprios gastos. Planejar, organizar as finanças, manter o controle do que entra e sai, tudo isso me dá uma sensação de autonomia e segurança. Talvez por isso eu também goste de auxiliar outras pessoas a se organizarem, seja na vida profissional ou pessoal. Essa habilidade foi se fortalecendo com o tempo e se tornou mais uma ferramenta no meu caminho de ajudar pessoas a construírem vidas mais equilibradas.

Hoje, tenho facilidade de falar com as pessoas e me posicionar, algo que por muitos anos me causava medo. Eu preferia os bastidores, me escondia, evitava me expor. Mas o tempo e as vivências me trouxeram coragem. Percebi que minha voz também é instrumento de transformação. E é com essa voz que hoje inspiro, ensino, oriento e acolho. Está sendo um reencontro comigo mesma.

Sou uma pessoa muito sorridente. Gosto de acordar animada, cuidar do meu dia com leveza e alegria. Já passei por ambientes no qual a minha felicidade causava estranhamento, como se não fosse permitido ser feliz. Mas compreendi que isso faz parte de mim e não vou mais me esconder. Claro que nem todos os dias são fáceis, e sim, eu também falho, canso, erro. Mas o importante é que sempre me esforço para voltar ao eixo, retomar meu devocional, meu autocuidado, minha fé.

Tenho trabalhado diariamente para libertar minha mente de crenças limitantes, abrir espaço para a abundância, prosperidade e cura, sempre colocando Deus em primeiro lugar na minha vida e na vida da minha família. Deus sempre foi meu norte, minha base e meu sustento em todas as fases da minha jornada.

A vida me ensinou que não precisamos ser perfeitos para inspirar. Precisamos apenas ser verdadeiros. Se eu pudesse te dizer algo hoje, seria: o ontem já foi, o amanhã é incerto, e o hoje é tudo o que temos. Sabe qual é o momento certo de fazer algo por você? Agora.

Se a minha história tocar o seu coração, que ela te motive a refletir, se levantar e seguir. Você é capaz de muito mais do que imagina e, se precisar de um empurrão, estarei por aqui.

Andréia Baungarte

@baungarte

/baungarteadvocacia

@andreiabaungarte7

andreiabaungarteadvocacia.com.br

ENSINO MEUS FILHOS QUE ELES PODEM SONHAR, ACREDITAR, SE POSICIONAR. ENSINO QUE A ESSÊNCIA VALE MAIS DO QUE A APARÊNCIA.

Sou Andréia Baungarte, advogada especializada em Direito Previdenciário, movida pela fé e pelo propósito de transformar desafios em histórias de superação. Cresci em uma pequena cidade e aprendi que limites existem para serem vencidos. Concluí a faculdade de Direito com coragem e determinação.

Sou casada com o João, companheiro de sonhos e lutas, e mãe do João Pedro e da Maria Alice. A maternidade é uma escola de paciência e amor. Aprendi que conciliar audiências e prazos com a rotina familiar requer organização, mas, acima de tudo, priorizar o que realmente importa.

Dedico-me à defesa de direitos sociais, lutando por aposentadorias, pensões e benefícios por incapacidade. Presido a Comissão de Direito Previdenciário da OAB Jundiaí, com a missão de fortalecer nossa coletividade e difundir conhecimento. Acredito que cada passo exige coragem, cada luta fortalece a fé e que acreditar na própria capacidade é o primeiro passo rumo à vitória.

Acesse o QR code ao lado:
conheça mais sobre a autora e escritora Andréia Baungarte e seus projetos.

04

A ARTE DE ACREDITAR NOS SEUS SONHOS

Por Andréia Baungarte

Entre a janela e o mundo

Era uma cidade pequena, daquelas que a gente atravessa em cinco minutos e conhece todo mundo pelo nome. Um lugar onde o silêncio das noites é interrompido apenas pelo cantar dos grilos e pelas conversas na calçada ao entardecer. Foi ali, no interior de Minas Gerais, em um cantinho quase esquecido do mapa, entre morros simples e sorrisos sinceros, que nasceu uma menina chamada Andréia — eu.

Eu era como qualquer outra criança da minha cidade de pouco mais de quatro mil habitantes: fazia das pedras brinquedos e dos sonhos, alimento.

Minha infância, embora cheia de amor, também foi marcada por limites que pareciam invisíveis e, ao mesmo tempo, intransponíveis.

Sendo a filha primogênita, cresci sob o olhar vigilante e protetor de um pai que queria o meu bem, mas que temia o mundo. Ele me via como uma bonequinha: sempre limpa, bem-comportada, imaculada. Enquanto outras crianças corriam descalças pelas ruas de terra, brincavam na lama ou se aventuravam nas poças d'água após a chuva, eu — ah! Eu assistia da janela.

Eu não podia me juntar a elas. Nada de pés sujos, nada de me molhar, nada de me arriscar. Meu pai me queria segura e, para isso, acreditava que precisava me manter longe do imprevisível. Não por maldade, mas por medo. E, assim, eu cresci entre o amor e a contenção. Aprendi desde cedo a observar em silêncio, a sonhar no segredo do meu quarto, a imaginar um mundo que ainda não podia tocar. Foi ali, nessa contenção silenciosa, que aprendi a voar com a mente. E talvez tenha sido isso que fez meus sonhos crescerem tanto: porque eles não cabiam apenas no quintal de casa. Queriam o mundo.

Aos poucos, conforme fui crescendo, comecei a trilhar meu próprio caminho. Adorava quando viajávamos para Jundiaí. Era o momento em que vivia um pouco da vida da minha prima, com mais liberdade e muitas possibilidades.

A adolescência chegou e, sendo sempre uma das melhores alunas da escola, decidi que a pequena cidade não comportaria o tamanho dos meus sonhos. Conversei com meus pais e avisei que, terminando o Ensino Médio, não ficaria mais na pequena Santana do Jacaré (MG). E como protetor que sempre foi, meu pai decidiu se mudar para Jundiaí. Foi minha maior felicidade!

Parti com a mala carregada de coragem. Enfrentei dias difíceis, noites em claro, trabalhos exaustivos e, ainda assim, nunca perdi o brilho nos olhos. Amava estudar. Queria crescer e, sobretudo, queria servir. Porque dentro de mim, mesmo sem saber exatamente como, entendia que meu propósito não era apenas subir; mas levar outros comigo.

O período da faculdade foi bem desafiador. Trabalhava muito e estudava. Sem o apoio familiar, arcava sozinha com as despesas da casa e com os custos da faculdade. Mas minha vontade de vencer era maior e, mesmo aos trancos e barrancos, finalizei o tão sonhado curso.

Começar a advogar foi outro desafio. Sem experiência alguma — já que o estágio foi no próprio núcleo de prática da faculdade —, comecei de forma tímida, mas por conta própria. Mesmo sem deixar meu emprego, comecei a advogar, até que, em 2013, me vi desempregada.

Não encarei como um fator negativo, pelo contrário: compreendi que aquela situação era a minha oportunidade de assumir de vez a minha profissão — que, ainda hoje, prefiro chamar de vocação.

Como já tinha o escritório há algum tempo, depender exclusivamente dele me deixou um pouco assustada. Mas meu esposo e parceiro me incentivou, me apoiou e assumiu a bronca das dívidas. Cada dia eu tinha mais certeza de que havia escolhido a profissão correta.

Demorei um pouco até encontrar o meu caminho. Passei por dúvidas, tropeços e muitos "será que é por aqui?". Mas a fé nas minhas próprias capacidades nunca me abandonou. E aos poucos, comecei a trilhar meu próprio caminho.

Foi no **Direito Previdenciário** que me reencontrei. Não como uma técnica fria, mas como uma mulher de propósito. Para mim, cada benefício conquistado é mais do que um número: é dignidade, é reparo, é humanidade.

Aos olhos de muitos, esse ramo da advocacia é técnico, cheio de leis, regras, prazos. Mas para mim, é poesia. Porque é no atendimento às pessoas comuns, no auxílio a quem trabalhou a vida inteira e precisa de dignidade para envelhecer, que realizo o que sempre busquei: fazer do meu trabalho um instrumento de justiça e compaixão.

Hoje, minha missão é clara: lutar pelos direitos sociais. Ser voz onde o silêncio impera. Ser força onde a vulnerabilidade se instala. E mesmo depois de tantas conquistas, continuo acreditando nos meus sonhos: porque aprendi que eles não acabam quando se realizam. Eles se transformam, crescem com a gente e nos empurram para além do que um dia imaginamos possível.

Mas a vida, generosa e surpreendente, me deu ainda mais. Além da profissional que me tornei, também constitui uma linda família ao lado de João — um parceiro que a vida me presenteou.

Com ele, nasceu mais uma missão: ser mãe. E foi com a chegada de João Pedro e, depois, de Maria Alice, que descobri um novo tipo de amor: aquele que não se ensina nos livros nem se mede por palavras.

A maternidade, no entanto, não veio com manual. Diferente do Direito, onde há códigos e jurisprudências, ser mãe é um exercício diário de tentativa e aprendizado. Muitas vezes, na necessidade de trabalhar e de seguir firme em minha missão profissional, me questiono sobre a mãe que sou. Vieram as culpas, as ausências, os silêncios do dia a dia. Mas também vieram os abraços, os olhares que dizem "está tudo bem", os pequenos gestos que fazem tudo valer a pena.

Hoje, busco ser uma mãe protetora, sim, mas sem sufocar. Ensino meus filhos que eles podem sonhar, acreditar, se posicionar. Ensino que a essência vale mais do que a aparência. Que dignidade é tesouro. Que sentir e demonstrar sentimentos é força, não fraqueza. E que, mais importante do que vencer no mundo, é não perder de vista quem se é.

Cultivar a fé em mim mesma não foi uma tarefa fácil. Houve — e às vezes ainda há — dias de solidão, de medo, de cansaço. Mas em cada um deles, há também uma centelha: a certeza de que vale a pena persistir. A arte de acreditar em nossos sonhos é, antes de tudo, a arte de acreditar naquilo que ninguém mais pode ver por nós. É olhar para dentro e confiar que, mesmo sem garantias, a caminhada vale a pena.

Sou prova viva disso. Da menina da cidade pequena à mulher que se tornou ponte para que outros alcancem seus direitos. A que lembra que o tamanho dos nossos sonhos nunca depende do lugar de onde viemos, mas sim da coragem que temos para dar o primeiro passo.

E se há algo que a vida me ensinou até aqui, é que acreditar na própria capacidade é o primeiro passo para transformar a realidade.

E mais do que isso: é preciso cultivar uma fé inabalável na vida. Porque é ela que nos sustenta nos dias difíceis, que nos impulsiona mesmo quando tudo parece parado, e que nos lembra — com delicadeza e firmeza — que o impossível é apenas o possível que ainda não se realizou.

E se posso te deixar uma mensagem, é essa:

Acredite. Acredite mesmo quando o chão faltar. Mesmo quando a porta fechar. Mesmo quando a cidade for pequena demais para o seu sonho. Porque o sonho é a semente, mas a fé... a fé é o solo fértil onde ela floresce.

CAMILA KROTH COSTA

@camilaterapeutah

(19) 99462-2820

camilaterapeutah@gmail.com

> A VERDADEIRA CURA SÓ ACONTECE QUANDO TIRAMOS A MÁSCARA DO EGO E PERMITIMOS QUE O NOSSO ESPÍRITO SE CONECTE À FONTE.

Sou Camila Kroth Costa, nascida em Ijuí (RS) e hoje vivo em Araras, interior de São Paulo. Mulher de fé, movida pelo amor a Deus, à família e ao propósito. Por muitos anos fui empresária, formada em Administração. Mas foi no meio da sobrecarga, da ansiedade e de um vazio profundo que ouvi o chamado de Deus.

Ali começou minha real missão: ajudar mulheres a se libertarem de ciclos de dor, se reconectarem com sua essência e viverem com leveza, fé e autoestima. Hoje atuo como terapeuta e mentora, guiando mulheres que se sentem cansadas de tentar sozinhas, a encontrarem um novo caminho — com mais clareza, amor-próprio e equilíbrio.

Escrevo este capítulo com a alma de quem já enfrentou o caos e descobriu, na dor, a rota de volta para si mesma. Porque toda ferida pode ser caminho de cura quando escolhemos voltar para Deus e para nossa verdade.

Acesse o QR code ao lado:
conheça mais sobre a autora e escritora Camila Kroth Costa e seus projetos.

05

O CHAMADO QUE NUNCA SILENCIOU

Por Camila Kroth Costa

Talvez você também já tenha sentido isso...

Uma sensação de que algo está te chamando. Um vazio que não se explica com palavras. Uma saudade de algo que você nunca viveu. Eu sentia isso desde cedo, mas só entendi o que era muito tempo depois.

Nasci no interior do Rio Grande do Sul, em Ijuí, e tive uma infância aparentemente normal. Família estruturada, escola particular, pai empresário, mãe bancária. Por fora, tudo certo. Mas por dentro... sempre teve um silêncio. Uma inquietação. Eu era aquela menina que sorria, mas não se sentia pertencente. Na escola, entre amigas, sempre parecia um pouco deslocada, como se faltasse alguma coisa, embora eu não soubesse nomear o quê.

Quando terminei o ensino médio, fiz um teste vocacional. Deu psicologia ou administração. Escolhi a administração, não porque amava, mas porque era o caminho mais "seguro", o que fazia sentido na lógica da minha criação. Mas, sinceramente? Eu só estava seguindo o fluxo — sem direção.

Durante a faculdade, fui morar um tempo em Florianópolis com minha irmã — lindo lugar —, mas dentro de mim, tudo era confuso. Sentia falta da família, do então namorado, daquilo que parecia ser "meu lugar". Eu não tinha foco. Não tinha propósito. Tudo parecia fora do eixo.

Voltei para Ijuí. Logo depois, meu namorado decidiu se mudar para Palmas, no Tocantins. E lá fui eu, mais uma vez seguindo alguém, tentando preencher o que me faltava por dentro com algo de fora. Foram quase 10 meses longe da minha casa, da minha base, da minha identidade. E, como em quase todos os ciclos da minha vida até então... veio a traição. Veio a dor. Veio a quebra.

Voltei de ônibus, percorrendo mais de 3 mil quilômetros de estrada com um coração esgotado. Me vi novamente sob o teto dos meus pais, cursando faculdade, trabalhando com meu pai e tentando parecer bem. Comecei outro namoro, desta vez com um amigo de infância. Moramos juntos, parecia mais calmo, mas não era o suficiente. Era só mais um ciclo tentando dar certo. E quando a alma não está alinhada, o destino sempre arruma um jeito de mostrar. Terminei.

Foi aí que conheci aquele que se tornaria meu marido e, sem saber, comecei a trilhar uma nova fase da minha vida. E essa fase me levaria a Araras.

Quando me mudei para Araras, em 2009, eu não fazia ideia do que Deus estava me preparando. Na época, só enxergava a mudança como mais uma tentativa de recomeço. Meu então namorado havia passado em um concurso público e eu o segui, como sempre fiz nos meus relacionamentos. De novo, sem plano, sem propósito, apenas indo.

Só que desta vez, algo era diferente. Araras não era só mais uma cidade. Era o cenário que Deus escolheu para começar a me acordar.

Logo que cheguei, comecei a sentir uma dificuldade enorme para conseguir emprego. Era como se as portas estivessem fechadas para mim. Não conhecia ninguém, não tinha conexões, não tinha estrutura emocional. Foi um tempo de solidão, de desânimo e de questionamento.

Para mim, é nos desertos que Deus mais fala.

Conheci o Padre Vlademir, um homem de fé que me estendeu a mão. Ele me apresentou a algumas mulheres da comunidade local. E através dessas conexões, fui aos poucos me aproximando da igreja e... sem perceber, da presença de Deus.

Foi numa dessas missas que tudo mudou.

Eu estava ajoelhada, no momento da consagração da hóstia, quando algo aconteceu dentro de mim. Meus olhos se encheram de lágrimas. Meu coração disparou. Olhei para o altar e, sem ouvir nenhuma palavra externa, senti como se estivesse junto a Jesus naquele momento, senti seu amor e ouvi algo dentro de mim com tanta força que parecia um grito silencioso: "Agora eu entendi, Senhor. Foi por isso que o Senhor me trouxe até aqui. Para eu voltar pra Ti."

Não era uma emoção. Era um chamado. Um reencontro. Um despertar.

Deus sempre esteve ali. Mas pela primeira vez, eu O reconhecia. Me entreguei naquele instante. Me emocionei. Me senti acolhida, mesmo com todas as minhas feridas ainda abertas. Foi o primeiro passo de volta para casa espiritual.

E como um presente pela minha entrega, logo depois disso, consegui um emprego numa corretora de seguros. Quem me indicou? O marido de uma daquelas senhoras que conheci na igreja. Coincidência? Não. Isso tem nome: propósito. Direção. Mão de Deus.

Trabalhei ali por três anos. Me casei. Comecei a construir uma nova vida. Mas mesmo com todas essas mudanças externas, a ferida interna ainda existia. E, aos poucos... mesmo após ouvir o chamado de Deus, comecei a me distrair com o barulho do mundo. A me desconectar de novo.

Mesmo depois daquele momento tão marcante na missa, em que senti Deus me chamando de volta... eu me perdi de novo. E o mais perigoso é que eu nem percebi quando comecei a me afastar. O mundo vai seduzindo com as distrações, com as obrigações, com as carências... e quando vê, você já está longe.

Fui trabalhando, me casei, abri meu próprio negócio, tive meu primeiro filho. A vida estava acontecendo no automático, e por fora, tudo parecia dar certo. Mas, por dentro, o buraco ainda estava lá. A sensação de incompletude, de solidão mesmo cercada de gente, de que "faltava alguma coisa" ainda me acompanhava.

Na empresa, eu me sentia sobrecarregada e sozinha. Em casa, o casamento era um campo minado de silêncios, cobranças, mágoas engolidas. Meu coração carregava marcas — rejeição, abandono, traição — que eu nem sabia nomear na época. Tudo isso moldava meu comportamento e minhas decisões, e me afastava de Deus sem eu perceber.

Mesmo já tendo sentido o toque dEle, eu ainda era guiada pelas minhas dores. E dores não curadas criam caminhos tortos.

Eu não buscava mais a presença de Deus. Eu buscava soluções no controle, na lógica, no esforço, no planejamento. Eu buscava reconhecimento profissional, validação nos relacionamentos, sucesso como empresária. Mas não percebia que meu espírito estava seco. E que era justamente isso que Deus estava querendo me mostrar.

Tive crises no casamento. Me senti invisível, desvalorizada, sufocada, sobrecarregada. Cometi erros buscando preencher meus vazios. Fechei a empresa. Engravidei do segundo filho. E foi nessa segunda gestação que Deus falou comigo de novo, mas de uma forma diferente.

Desta vez, Ele me mostrou algo mais profundo: o poder que Ele colocou em mim. Escolhi ter meu filho em casa, num parto humanizado, contrariando muitos e desafiando a crença social de que a mulher é frágil e incapaz. E foi exatamente assim que aconteceu: meu parto aconteceu como sonhei, com força, com fé, com conexão total.

Ali, naquele parto, eu entendi algo que mudou tudo: quando a gente para de duvidar, o universo se alinha. Mas não é sobre o universo em si. É sobre Deus. Foi Ele quem me sustentou naquele momento. Foi Ele quem me mostrou: "Filha, olha o que você é capaz quando confia em Mim."

E mesmo assim... depois disso, eu ainda me deixei levar.

O mundo é sedutor. O ego é barulhento. As feridas da alma são profundas. Mesmo já trilhando o caminho do autoconhecimento, mesmo tendo me tornado terapeuta, analista existencial, mesmo ajudando tantas pessoas... eu ainda não tinha me rendido 100% a Deus.

Ainda estava presa às feridas emocionais, aos desejos do mundo material, às distrações da mente. Era conduzida pelo medo de rejeição, pelas carências e pelos apegos que nunca preenchiam o vazio. Me sentia na contramão, sobrecarregada, frustrada. E o divórcio veio. Meu pensamento era: "Não consegui sustentar meu casamento." — e aí a culpa chegou para somar às outras dores.

Só que a responsabilidade de ser mãe solo trouxe uma sobrecarga ainda maior e, na ânsia de tentar dar conta de tudo, me afundei ainda mais.

Na cegueira do meu ego, me envolvi em mais um relacionamento confuso, cheio de gatilhos e dores. De novo, traição. De novo, abandono. De novo, aquela voz lá dentro dizendo: "Você ainda não entendeu."

Até que chegou o momento em que tudo que eu conhecia começou a ruir. Relacionamentos desmoronaram, ciclos se encerraram. Pessoas se afastaram. E eu também escolhi me afastar.

Fui sentindo, lá no fundo, que aquele tempo de barulho havia terminado. Cheguei no limite. Não era mais sobre os outros. Era sobre mim. Me recolhi. Me fechei. Mas dessa vez, o silêncio foi diferente.

Foi no silêncio que Deus me alcançou.

Não foi de uma hora para outra. Não teve espetáculo, não teve luz do céu rasgando o teto. Teve silêncio. Teve solidão. Teve dor. Teve processo.

E foi nesse cenário que finalmente parei de tentar resolver tudo com a força dos meus braços. Parei de fugir, de resistir, de me distrair. Foi quando eu me recolhi, olhei para dentro e decidi voltar.

Voltar pra mim. Voltar pra Deus.

Naquele tempo, eu me sentia no deserto. O relacionamento havia acabado. Algumas amizades haviam se rompido. Eu mesma escolhi sair de ambientes que já não ressoavam com o que eu acreditava. Comecei a perceber que minha energia já não cabia mais onde antes eu insistia. E foi então que compreendi: Deus estava me chamando de volta. De novo. E agora era para valer.

Fui à missa — depois de anos. Voltei para a mesma igreja que me acolheu quando cheguei a Araras. Entrei, me sentei; na minha frente, uma senhora conhecida — uma das primeiras que me recebeu na cidade, lá no início da minha jornada. Ela havia sido minha madrinha de casamento; não nos víamos há muito tempo, nos abraçamos. A missa começou e, de repente, lá estava Ele.

"Volta, filha. Você precisa voltar pra Mim."

Foi o que ouvi dentro de mim. Não foi imaginação. Foi certeza. Chorei em silêncio. As lágrimas escorriam sem controle. Ali, naquele instante, entendi tudo. Entendi que Deus me colocou exatamente no mesmo lugar, com a mesma pessoa, para ativar minha memória espiritual. Ele me levou de volta para onde tudo começou, para que eu me lembrasse de que nunca estive só.

A ficha caiu: eu é que tinha me afastado. Ele nunca saiu do lugar. Ele sempre me chamou. Sempre esteve em mim, mas eu O silenciava...

Ei! Ele está chamando você também.

Hoje eu entendo. Todas as vezes em que me senti vazia, perdida, enganada, traída: eram apenas sinais. Sinais de que eu estava longe de mim. E se estou longe de mim, é porque estou longe de Deus.

Hoje compreendo todo o processo: Deus me guiou ao autoconhecimento, me conduziu ao mundo das terapias como um caminho para reencontrá-Lo. Eu precisei viver tudo isso, aprender as ferramentas e aplicá-las para conseguir ter clareza das minhas dores e padrões emocionais/comportamentais e assim conseguir fazer essa jornada para dentro e achá-Lo onde Ele sempre esteve — em mim.

A verdadeira cura só acontece quando tiramos a máscara do ego e permitimos que o nosso espírito se conecte à Fonte.

Estamos vivendo um tempo muito sério na história da humanidade. Você sente, eu sei. As máscaras estão caindo. As estruturas estão desabando. Os atalhos já não funcionam mais. O mundo está mudando. E a Nova Terra não vai comportar mais desamor, ego inflamado, correria sem sentido, busca desenfreada por status, dinheiro, validação.

Deus está nos chamando. Um por um. Pra voltar. Pra silenciar. Pra curar. Pra amar.

Entendo que essa Terra que está nascendo agora só terá espaço para quem estiver com o coração limpo, o espírito alinhado e os pés firmes no propósito.

E qual é o meu propósito?

Servir. Amar. Ser canal.

Ser humilde para reconhecer minhas imperfeições. E confiar que, mesmo assim, Deus me ama. E sempre vai amar.

E o seu propósito? Qual é?

Você, que está lendo esse capítulo, talvez também esteja nesse ponto de retorno. Talvez Deus já tenha te chamado, e você ouviu, mas se distraiu. Ou talvez ache que Ele nunca falou com você. Mas Ele falou. E fala todos os dias. É que o barulho aí dentro pode estar alto demais para você perceber.

Então, agora, respira.

Silencia.

Escuta.

O caminho só se faz andando. E seguir o chamado só fica leve quando você percorre essa estrada conectada à Fonte: Deus.

Essa história que te contei é minha.

Mas o chamado é para todos nós.

Carlos Batista

@carlosbatistabatista

@portal_CB

@PortalCarlosBatista

carlosbatista.com.br

MEU AVÔ NÃO ME DEU O QUE EU QUERIA — DEU O QUE EU PRECISAVA. AQUELA CAIXA DIFERENTE ME FEZ DESTACAR. E A DIFERENÇA ME FEZ VENCER.

Sou Carlos Batista, apaixonado por comunicação desde menino, quando descobri o futebol pelas ondas do rádio, em Ibiporã (SP).

Aos 16 anos, iniciei minha trajetória como locutor e nunca mais deixei os microfones. Passei por rádios como São Joaquim, Morada do Sol, Jovem Pan e, desde 2002, atuo na Rede Bandeirantes de Campinas, onde apresento Os Donos da Bola. Além de narrador, fui colunista, coordenei equipes esportivas e lancei o livro *O Guardião da Ilha*. Gosto de contar histórias — com voz, com texto, com alma. Acredito que cada transmissão é uma oportunidade de emocionar e de conectar pessoas pelo esporte.

Participar de *Olhos de Águia* é um presente, pois ver além é parte da essência de quem comunica com verdade. No capítulo que escrevi, *Caixa de Engraxar Sapatos*, revisito uma memória do meu avô e convido o leitor a enxergar comigo o valor das pequenas grandes histórias.

Acesse o QR code ao lado:
conheça mais sobre o autor e escritor Carlos Batista e seus projetos.

06

CAIXA DE ENGRAXAR SAPATOS

Por Carlos Batista

Meu avô era um homem de cabelos ralos e olhar sereno. Era verdadeiramente um sábio, e suas histórias mereciam ter sido registradas num livro. Seria provavelmente um *best-seller*. Alcides Pereira, nascido no Rio de Janeiro, rodou como um cigano pelos cantos mais longínquos deste país, onde adquiriu conhecimento e profundidade para compreender a alma humana. Sempre como um lobo solitário, nunca se juntou a ninguém: até conhecer minha avó Salvina, neta de indígenas nativos do sul do Brasil. Ele nunca comentava como se conheceram, dizia apenas que foi amor à primeira vista.

Minha avó contava que sua avó dizia que o povo dela foi expulso das terras durante a colonização, sendo forçados à aculturação ou assassinados com violência descabida. Salvina herdou conhecimentos da cultura indígena, adquiridos por meio da oralidade de seus parentes. Conhecia plantas medicinais e era uma benzedeira de mão cheia. Desempenhava um papel fundamental para a comunidade rural formada por trabalhadores das olarias de tijolos no norte do Paraná. As mães desesperadas levavam os filhos doentes. Com suas ervas, defumações, rezas e rituais, ela curava quebrantos, espinhela caída, mau-olhado e tantas outras moléstias. Era a alternativa para um povo humilde, sem acesso à saúde convencional — e que sempre saía satisfeito com os resultados.

Eles se casaram, e meu avô sossegou o facho. Criaram oito filhos, quatro homens e quatro mulheres, entre eles, minha mãe Eunice. Trabalhou duro, com muito sacrifício, como marceneiro. Fazia de tudo: móveis, consertava bancos da igreja matriz da pequena Jataizinho, no norte do Paraná.

Estive próximo do meu avô até os dez anos, quando minha mãe faleceu. Fui morar com minha irmã Eva Batista, a mais de 500 quilômetros, em São Joaquim da Barra (SP). A distância e a falta de recursos dificultaram as visitas. O tempo, em sua marcha constante e severa, passou: uma semana, um ano, muitos anos... E a distância virou abismo. Meu avô morreu.

Machuca falar assim, mas veja como a vida é traiçoeira. Depois de acumular tamanho conhecimento da experiência humana, ele foi sepultado e tudo se perdeu num eco indizível — um vazio irrecuperável. Restou-me a gratidão pelo tempo que passei ao seu lado. Enquanto as outras crianças corriam pela casa, pulsando alegria com seus risos fáceis, eu preferia estar junto do meu avô. Ele era rabugento, metódico, não admitia desatenção ao contar suas histórias. Por alguma razão, aquela disciplina me encantava. O tempo ao seu lado me proporcionou um aprendizado extraordinário, que carrego até hoje.

Sem eu perceber, ele plantou em minha mente sementes valiosas. Por suas mãos, conheci os livros, a literatura, o gosto pela leitura. Os livros dele, para os olhos de uma criança, eram palcos onde personagens dançavam com liberdade extraordinária em um território sagrado. Os textos que meu avô lia, para uma pequena plateia nem sempre lúcida (que fingia acompanhar para não magoá-lo), impunham narrativas de assuntos sociais que eu, à época, não compreendia.

— Isso é Shakespeare — dizia ele, batendo com o dedo no livro de capa dura que ostentava como troféu.

Eu olhava e pensava: "Cadê as figuras?" Estava acostumado a gibis que achava no lixão, no caminho, ao voltar da escola. O primeiro que li foi de uma coleção do Zorro — não o de capa e espada, mas o do revólver e seu inseparável parceiro, o índio Tonto. Seu cavalo branco, Silver, encontrado ferido num combate com um búfalo. Eu vibrava até a medula com aquelas aventuras.

Na minha ignorância de menino, eu não via a magia das palavras. Mas aprendi com as "palestras" do meu avô que uma frase vale mais do que mil imagens. A imagem gerada por palavras é eterna e desafia o tempo. É uma beleza invisível que pode ser acessada em qualquer tempo, sem moderação. Meu avô dizia que os livros respiravam. Mais do que isso, eles sussurravam: estamos aqui.

Além dos livros, meu avô era apaixonado por música clássica. Ouvia no rádio e possuía discos de grandes compositores. Anos depois, entendi quem eram: Beethoven, Chopin, Mozart, Vivaldi, Bach, Tchaikovsky... Lembro-me do entusiasmo dele ao falar sobre "As Quatro Estações", de Vivaldi. Hoje, toda vez que ouço música clássica, lembro do meu avô. Três coisas estão na minha memória que fazem lembrar do meu avô: livros, músicas clássicas e cheiro de pão. Ele fazia pães deliciosos, roscas doces maravilhosas e broas divinas. Meu avô tinha coração de padeiro, com mãos hábeis, manipulava a massa e explorava os sabores de forma extraordinária. Enchia a casa com o aroma mágico de suas guloseimas.

Seu Alcides dizia que até os dezoito anos só estudava — a família, abastada, lhe dava tudo. Mas um dia houve uma briga. Seu pai desrespeitou sua mãe com palavras cortantes. Ele não aceitou. Exaltado, partiu para cima dele. Trocaram socos. O pai, nervoso, gritou:

— Vagabundo! A partir de hoje não dou mais um tostão pra você!

E meu avô rebateu:

— Então eu vou embora pra nunca mais voltar!

Saiu de casa com a roupa do corpo. A mãe correu atrás, implorando para ele ficar. O pai enérgico gritou:

— Deixa esse vagabundo ir! Será deserdado!

E assim, meu avô rompeu com tudo. Caiu no mundo. Viveu nas ruas, comeu o pão que o diabo amassou. Nunca mais voltou para a família, conforme prometera.

E a caixa de engraxar sapatos?

Essa história resgata minha infância com força avassaladora. Eu era menino, mas com preocupações de adulto. Queria ajudar minha mãe, que vivia em dificuldades financeiras, trabalhando na olaria em troca de um salário miserável. Disse que, aos fins de semana, iria engraxar sapatos na cidade, a dez quilômetros dali.

— Mas com que caixa? — perguntou minha mãe.

— Vou pedir pro meu avô fazer uma — respondi.

Mas isso exigia coragem. Ele não era dado a diálogos. Rodeei por dias, até criar coragem. Finalmente, entrei na marcenaria ao lado da casa e perguntei:

— Vô, o senhor pode fazer uma caixa de engraxar pra mim?

Ele parou o que fazia, virou-se calmamente, me olhou fixo, e não disse nada e voltou a trabalhar como se eu não existisse. Fiquei em pé, debaixo de uma placa colocada na porta da oficina:

"NÃO EMPRESTAMOS FERRAMENTAS. NÃO INSISTA."

Assim dizia a mensagem.

Parecia que meu avô valorizava mais as ferramentas que os filhos. Tudo na oficina era marcado, organizado. Ele era um casca-dura insuscetível. Saí dali arrasado.

Tentei fazer uma caixa, mas era inapto para serviços de marcenaria e também não tinha as ferramentas. Conformei-me. Deveria seguir em frente com a minha vida e esquecer esse negócio de caixa de engraxar sapatos.

Algum tempo depois, num domingo de visita à casa da minha avó, meu avô me surpreendeu:

— Aqui está a caixa de engraxar que você pediu — disse, esticando o braço ossudo em minha direção.

Fiquei perplexo. Não imaginava que ele iria fazer a caixa. Naquele dia, parecia que nem tinha ouvido a minha pergunta. Mas, quando olhei para a caixa, a repulsa foi imediata. Não era a caixa que eu queria. Esperava uma igual à dos meninos da praça. A que meu avô confeccionou era diferente: retangular, feita de madeira nobre, com tampa inclinada para o cliente colocar o pé para polimento do sapato, compartimentos internos com uma portinhola lateral para guardar escovas, latas de graxa e flanelas para lustrar os sapatos e uma alça de couro para o transporte. Os meninos usavam caixas triangulares, com suporte de pé roliço fixado por uma haste na ponta do triângulo. Mais fácil de carregar, encaixada no ombro. Apesar de um trabalho formidável de marcenaria, um incrível trabalho, mas o desenho era escalafobético. Os meninos vão rir de mim, pensei.

Mas, para não ser mal-agradecido, peguei a caixa, acenei com a cabeça em gratidão e fui embora.

No domingo, fui à praça. Aconteceu o que imaginava. Não suportei a gozação e fugi amedrontado. Guardei-a debaixo da cama. Vida que segue.

Algumas semanas depois, em outra visita, meu avô me perguntou:

— Como está indo o serviço com a caixa?

Gelei. Podia ouvir o meu coração bombando. Com voz sumida, disse:

— Não estou trabalhando com caixa... A caixa não é igual à dos meninos. Não é igual à caixa de todo mundo lá na praça.

Apesar da timidez, consegui contar com voz vacilante o que aconteceu naquele domingo. Assim que os meninos foram chegando, primeiro, olharam com curiosidade; depois, virou um rebuliço cuja excitação chegara ao auge. A agitação atingiu o nível do terror. Riam muito e debochavam da caixa.

— Vamos colocar fogo nessa caixa! — gritou um moleque corpulento, cheio de sardas no rosto. Ele ostentava um isqueiro.

— Vou à venda buscar o álcool — aparteou outro garoto magricela, mostrando entusiasmo.

Não esperei para ver: peguei a caixa e saí em desabalada carreira. Talvez, se eu tivesse uma caixa igual à de todo mundo, isso não teria acontecido — afirmei, baixando os olhos.

Meu avô colocou os óculos, me olhou firme e disse:

— Você não é todo mundo. Está ouvindo?

— Você não é todo mundo — repetiu a frase, exigindo com o olhar que eu compreendesse o que dizia.

— No próximo fim de semana, você vai levar a caixa para a praça e vai trabalhar lá, engraxando sapatos, custe o que custar — falou ele com firmeza e um tom quase sentencioso. Segurou meu ombro e continuou:

— Preste atenção no que vou dizer. Quando você chegar lá, os moleques vão rir de você. Esses patifes, com certeza vão zombar da sua cara de novo. Não ligue. Baixe a cabeça e aceite. Não se envergonhe, porque quem ri por último ri melhor. Essa zombaria não vai durar. Resista, não desista. Se você não reagir, eles perdem a força e serão engambelados sem perceberem. Outra coisa. Todas as caixas são iguais, mas a sua é diferente. Quando o cliente aparecer, será disputado ferozmente por todos os garotos engraxates. Mas, acredite: a sua caixa vai chamar atenção e você vai conquistar o freguês naturalmente. Você é muito tímido. Se tiver uma caixa igual à dos outros meninos, não vai conseguir trabalhar. Os mais espertos levam vantagem, e os tímidos ficam sem nada. Mas o diferente atrai porque desperta curiosidade e quebra padrões. E é aí que está a sua vantagem.

Ele não usou exatamente essas palavras, mas com esse significado preciso como miligramas. Pelo menos uma frase ficou gravada em mim: você não é todo mundo.

No domingo seguinte, fui à praça. Levei a caixa esquisita de engraxar sapatos a tiracolo. Cheguei cedo e me posicionei em frente à igreja. De novo, a cena se repetiu. Troça sem piedade e gargalhava alto. Zombavam de mim exatamente como meu avô havia previsto. Apontavam o dedo com desdém e lançavam sobre mim os mais estúpidos e cruéis xingamentos. Eu, envergonhado, afligi-me: pálido, confuso, sentindo a alma corroída pelo escárnio.

A vida me escapou por alguns instantes. Mas estava disposto a lutar e se preciso derramar a última gota de sangue para defender a caixa que meu avô havia feito com tanto carinho. Aumentavam o timbre com a forte implicância, esperando o momento em que eu sairia correndo. Resisti. No meu íntimo, a vontade era de partir o mais rápido possível, não estava aguentando mais a tortura psicológica. Mas, resisti.

Conforme o tempo foi passando, por mais incrível que pareça, aconteceu exatamente como meu avô dissera. Na prática, ficou evidente o quanto profunda e exata era sua ideia. Como eu não reagia, o negócio da gozação ficou sem graça e perdeu a força. Mais do que isso, a caixa chamou realmente a atenção. Entre mim e os outros, os clientes preferiam a minha caixa. E, a partir dali, a clientela só cresceu. Havia homens esperando para engraxar comigo, mesmo havendo outros engraxates disponíveis.

Aprendi com meu avô uma lição essencial: ele não estava falando apenas de medo, mas de inteligência. Por mais que eu achasse que ele não prestava atenção em mim, demonstrou que me conhecia profundamente. Sabia das minhas fraquezas e compreendia com precisão o que havia dentro de mim. Ele percebeu rapidamente duas barreiras que eu precisaria transpor: primeiro, conquistar pertencimento sem usar a força. Ele sabia que eu não venceria no grito, que seria facilmente engolido pelos "veteranos". Mas podia triunfar com estratégia. A segunda barreira era conquistar a atenção do cliente — sem isso, não há sucesso para quem empreende. Aprendi que não se entra em batalha sem estratégia. A vida, muitas vezes, é amarga, e a vontade de reagir é forte. Mas sabedoria é saber calar, evitar confrontos inúteis e manter-se firme. O respeito veio antes do que eu esperava. Meu avô não me deu o que eu queria — deu o que eu precisava. Aquela caixa diferente me fez destacar. E a diferença me fez vencer.

Muitas vezes, abrimos mão de nós mesmos, sufocando forças internas que estão à nossa disposição, por quê? Por que nos rebaixamos, como animais privados de consciência? Por que nós nos condenamos à servidão, ignorando as vozes interiores que nos pedem coragem diante das dificuldades? A vida exige atitude, vontade, iniciativa. Os fracos que seguem líderes medíocres ficam pelo caminho, aprisionados pela manipulação e pelas promessas vazias. Vivem com sonhos suspensos, acomodados, até afundarem no fosso dos incompetentes.

A travessia para realizar os desejos é dolorosa. É preciso coragem para enfrentar os medos. As pedras surgem no caminho. Como Dâmocles, a espada sempre estará suspensa sobre nossas cabeças. Quem decide ser herói de si mesmo precisa aceitar essa insegurança constante. Quem escolhe o caminho, escolhe o risco. Mas só colhe frutos quem enfrenta a batalha. Muitos preferem o limbo. Ignoram o próprio poder. É mais fácil abandonar os sonhos do que enfrentar as tempestades para realizá-los. Na história da humanidade, foram os que ousaram romper o verniz das certezas que encontraram as verdades duradouras.

O tempo passou. A infância se foi. Só mais tarde compreendi a sabedoria contida naquela caixa esquisita. Ela era mais que madeira: era metáfora. Um gesto de alguém que sabia mais sobre mim do que eu mesmo. Meu avô, com olhos de águia, leu minha alma e me deu a ferramenta certa para evitar dores e conquistar respeito. Aquela caixa era uma armadura.

Hoje sei que aquilo era amor verdadeiro: que nem sempre se expressa com abraços ou palavras doces. Às vezes, se revela em escolhas difíceis, em gestos silenciosos que carregam profundos significados. Pequenas ações com grandes efeitos — "caixas" que nos ensinam a ser quem somos. Há rigores que, na verdade, são cuidados. E que despertam.

Ali estavam os ensinamentos dos autores que meu avô lia: Dostoiévski, Nietzsche, Shakespeare e tantos outros que falavam por sua voz. Com aquela caixa esquisita, ele foi o primeiro farol que me guiou pelas noites escuras e caminhos sinuosos da vida.

A caixa de engraxar se perdeu no tempo, como tudo um dia se perde. Mas sua lembrança continua viva. Mais que isso: o ensinamento ficou gravado em mim como uma tatuagem na alma. A vida é feita de silêncios que gritam: desperte, mergulhe, não desperdice a chance. Aquela caixa foi meu primeiro livro, minha primeira filosofia, meu primeiro contato com o amor silencioso.

O tempo pode marcar o rosto, embranquecer os cabelos. Quase tudo escapa das mãos: paisagens, infância, dor. Mas certas coisas não se apagam, porque não são feitas de matéria, e sim de sentido. Quando me sinto fora do lugar, lembro-me dela e reencontro o eixo. A caixa que carreguei com medo hoje vive em mim com leveza. Não é mais de madeira: é de lembrança, de tempo, de gesto. Nela, meu avô escondeu a linguagem secreta do amor não declarado: firme, essencial. A infância passou, mas o eco daquele aprendizado me acompanha. Carregá-la foi um rito. Um espelho das dificuldades que ainda estavam por vir. Mas também foi uma dádiva. Meu avô não me deu um presente qualquer. Deu-me um símbolo. Um pedaço de si. Na hora, não entendi. Na hora, doeu. Mas o tempo, generoso, traduziu aquele peso como lição para o futuro. Um amor que constrói sem abraçar.

Quem ousa trilhar caminhos desconhecidos, desbravar florestas, rios e desertos interiores costuma ser incompreendido — e por isso sofre. Não se contente com a máscara de carne e osso que cobre sua face. Não esconda sua verdade por medo. O maior inimigo está dentro. Vença a si mesmo e terá percorrido metade do caminho. Elimine o que há de covarde, preguiçoso e falso em você e estará mais próximo de realizar seus sonhos. A luz interior das virtudes deve brilhar mais do que o ego e a vaidade. Não se torne refém da força mascarada, que se desfaz ao menor toque. Muitos se dizem humildes, mas humilham os outros para alimentar sua autoestima — o garçom, o manobrista, o porteiro, a faxineira, o lixeiro. Mas, diante dos poderosos, miam como gatinhos famintos.

Observe bem e verá outro tipo de gente: os que foram miseráveis e, ao alcançar o poder, tornam-se predadores. Agem como gafanhotos, arrancando a pele de quem hoje está na miséria. Há uma fraqueza oculta no falso líder, que veste o traje do saqueador assim que pode.

Tudo na vida precisa de justa medida. Faça um exame de consciência e observe sua estatura moral. Se, ao olhar sua trajetória, não se sentir como um verme, você ainda carrega vestígios da dignidade humana. Só precisa se cuidar para não cair nas armadilhas da autonegação, da traição, da soberba, da corrupção e da falsidade.

As pressões são imensas: exigência social, padrão de beleza, conforto emocional e familiar, excelência profissional. Um deslize e caímos no abismo. Cuidemo-nos para não nos perdermos nas encruzilhadas. O equilíbrio parece inalcançável. Carregamos traumas ancestrais, medos enraizados. Há muitos em um só corpo.

Hermann Hesse, em *O Lobo da Estepe*, nos apresenta o teatro mágico: um espaço onde todas as possibilidades da alma se revelam. Lá, mil espelhos mostram mil faces. Harry Haller, o protagonista, é um homem culto, solitário, infeliz. Pensa em se matar porque acredita não haver lugar para ele no mundo. Mas, diante dos espelhos, faz uma descoberta libertadora: ele pode ser muitos, não apenas um. Hesse mostra o quanto é difícil conhecer-se. Mas, com análise, observação, controle emocional e coragem, é possível caminhar com firmeza. Mesmo com falhas, o ser humano pode produzir maravilhas.

Para não cair nas armadilhas dessa vida, é preciso parar e perguntar: "O que me move?"

Se a resposta for medo, estou andando em círculos. Se for amor, sigo em frente. Quem é a regência da minha vida? Se for opinião dos outros, estou desafinando o meu próprio compasso. E, por que insisto em adiar o que realmente importa? Talvez por covardia disfarçada de ocupação, talvez por não saber o valor do tempo. Por que é tão difícil dizer que amo? Talvez porque amar nos deixa vulneráveis. Mas, a vida passa e só quem ama vive de verdade. Ame a si mesmo, pois é com você que habita diariamente. Ame tudo: as dores, os encontros, os ciclos — pois tudo ensina, tudo transforma. No fim, o que permanece é a intensidade com que se viveu.

DANIELA SILVA

@danielasilva_dra

@danielasilva_dra

@dradanielasilva8340

danielasilvaadv.com.br

> **FÉ NÃO É AUSÊNCIA DE MEDO, É A CORAGEM DE SEGUIR MESMO COM ELE PRESENTE, FAZENDO DELE SEU ALIADO.**

Sou Daniela Cristina da Silva, advogada, mulher, filha, mãe e sonhadora incansável. Nascida em Araxá (MG), trago em mim as raízes da roça e a força de uma história marcada pela fé e pela superação.

Desde menina, dizia que seria advogada — e, com coragem, estudo e propósito, tornei esse sonho realidade. Há mais de 20 anos atuo no Direito, com dedicação especial à advocacia para mulheres, à escuta humana e à justiça com sensibilidade. À frente da Daniela Silva Assessoria e Consultoria Jurídica, sigo acreditando que a excelência se revela nas escolhas, não nas aparências. Escrevo este capítulo com alma e verdade, como quem aprendeu a voar mais alto mesmo quando os ventos eram contrários.

Acesse o QR code ao lado:
conheça mais sobre a autora e escritora Daniela Silva e seus projetos.

07 CULTIVANDO A FÉ EM SUAS PRÓPRIAS CAPACIDADES

Por Daniela Silva

Você deve cultivar diariamente a fé na sua capacidade. E, quando perceber que ela está se perdendo, lembre-se: acreditar nos seus sonhos te levará ao impossível.

Rosangela Calza, ao interpretar a frase de Fernando Pessoa: "Tenho em mim todos os sonhos do mundo", nos mostra que a vida nos ensina desde cedo que sonhar é gratuito; no entanto, temos que ir fundo, não deixar para lá, jamais aceitar o "isso não dá"; pois dá, sim.

Sonhar exige a maior paciência do mundo, exige acreditar que o sonho nos faz lutar e que esta luta faz todo o universo conspirar a nosso favor. Exige coragem, mais que isso, exige fé — não aquela fé mística, religiosa, mas a fé que nasce dentro de cada um de nós, mesmo quando tudo parece desabar. É a fé em si mesma, é a convicção profunda de que o impossível não existe, basta se empenhar e acreditar nas suas próprias capacidades e, mesmo se tropeçar, será capaz de seguir em frente, aprender e se refazer. Fé é resiliência.

Claro! Acreditar nos próprios sonhos é e sempre será um desafio constante, especialmente quando as circunstâncias parecem dizer o contrário. Mas se tem algo que aprendi ao longo da vida é que fé não é ausência de medo, é a coragem de seguir mesmo com ele presente, fazendo dele seu aliado. É confiar que, mesmo diante das maiores adversidades, somos capazes de transformar dor em força, dúvida em ação e sonho em realidade.

Nasci em uma família humilde, no interior *das Gerais* – como chamam Minas Gerais; meus pais, comigo ainda bebê, viviam na roça, dos trabalhos rurais. Sou a filha, sobrinha e neta mais velha de minha família paterna, de certo modo isso foi um privilégio, pois, mesmo não tendo consciência, ainda na maternidade, ou melhor, antes mesmo de meu nascimento, já me mostravam e incentivavam a acreditar nos sonhos.

Até os 5 anos, vivíamos no campo. A terra era dura, o trabalho era pesado, mas ali aprendi o valor do esforço, da honestidade e da fé de que, um dia, tudo seria diferente – o sonho dos meus pais. Quando completei 5 anos, nos mudamos para a cidade de Araxá, onde meu pai, por um tempo, ainda trabalhou como leiteiro. Minha mãe continuou dedicada aos cuidados comigo e com meu irmão, dando provas de sua resiliência e fé de que tudo mudaria. Meu pai conseguiu emprego em uma grande empresa mineradora, lá ficou por algum tempo.

Ainda assim, nossa vida, apesar de humilde, era regada por pequenas provas de que cultivavam a fé em seus sonhos. Meu pai começou a trabalhar na construção civil. Logo veio meu irmão caçula e, com poucos meses de vida, descobrimos que ele era especial. Meus pais nos mostravam a fé nas capacidades de realizar os seus sonhos, mesmo que tacitamente.

Meu pai sempre acreditou e se esforçou para alcançar seus sonhos, especialmente em relação aos nossos estudos. Por isso, aceitou trabalhar fora da cidade onde morávamos, primeiro em uma cidade próxima; mas, no ano de 1996, nos deixou em Araxá e se mudou sozinho para Valinhos. Ele, que já tinha experiência em construção civil, comandou uma grande equipe e gerenciou várias obras. Em razão da distância entre as cidades, só nos visitava a cada quinze dias, por no máximo dois dias. A saudade apertava e, mesmo sem entender muito, percebia que ele estava abrindo mão da convivência diária para garantir nosso sustento e futuro profissional. O que hoje entendo ser sua fé nas próprias capacidades de realizar seus sonhos.

Em Minas, minha mãe, apoiando-o, continuou a cuidar dos três filhos e, por não poder trabalhar fora em razão do meu irmão caçula, fazia bordados em ponto cruz, o que me ensinou quando eu tinha pouco mais de 8 anos, dizendo que "para ter alguma coisa na vida, eu precisava aprender a trabalhar e correr atrás do que queria".

Ao ver o esforço do meu pai, aprendi muito sobre a arte de acreditar nos sonhos e o cultivo da fé em suas próprias capacidades, pois, contra tudo e todos, em janeiro de 2000, nos trouxe definitivamente para Valinhos. A mudança foi dolorosa, pois deixei para trás minha avó paterna, tias e toda a minha referência familiar. Senti-me perdida, desconectada, mas com o tempo compreendi que, às vezes, sair do ninho é necessário para alçar voos maiores.

Estes traços parecem ser apenas para contar a história de minha família; no entanto, uso-os como exemplo de confiança, dedicação e fé nas próprias capacidades para realizar os sonhos, o que aprendi desde cedo, tanto que, segundo meu pai, com apenas 3 anos eu já dizia que queria ser advogada. No entanto, foi em minha adolescência que tive a certeza da profissão que queria seguir — aquela com a qual eu já sonhava aos 3 anos. Isto após eu presenciar minha tia passar por um processo de divórcio extremamente injusto e doloroso. Vi de perto a omissão da Justiça e do advogado que a representava. Ali, senti forte o meu sonho de se formar, me tornar advogada, para que outras mulheres não passassem pelo mesmo.

Com a fé à frente, prestei o vestibular, mesmo sem saber como pagaria a faculdade. Fui aprovada para o curso de Direito. Fiz a matrícula. Ainda que eu duvidasse de minhas capacidades, a fé me dominava, e como prova, consegui um emprego, cujo salário era insuficiente para cobrir os custos; mesmo assim, segui, claro, com ajuda do meu pai, que sempre dizia: "Acredita que dá certo." Foi um período de muito sacrifício, mas também de grandes aprendizados, regando, sempre, a fé na minha capacidade.

Em 2003, mais um teste para a minha fé. Fui aprovada e convocada para assumir o cargo para o qual prestei concurso público em Campinas. Ao mesmo tempo, recebi uma proposta para estagiar com um advogado renomado na cidade. A estabilidade do concurso era tentadora, mas algo dentro de mim dizia para arriscar; hoje sei que era a fé que sempre tive em minhas capacidades. Escolhi o estágio. Poucos meses depois, esse advogado adoeceu e me confiou a gestão do escritório. De estagiária a responsável por um escritório, essa foi mais uma grande prova de fé nas minhas capacidades.

Conciliando o escritório, a faculdade e dois empregos, me formei em 2006. Logo, prestei a prova da OAB em 2007 e fui aprovada. Comecei a advogar efetivamente, assumindo por completo o escritório em que estagiava: mais uma efetiva prova de que basta ter fé em si mesmo.

Os desafios não cessaram. Enfrentei dificuldades financeiras, um relacionamento de 13 anos conturbado, do qual nasceu meu filho Caio. Neste período, perdi minha capacidade de acreditar nos meus sonhos. Até que, após muitas reflexões em tantas superações já vividas, retomei minha fé e decidi me divorciar — período desafiador. Algum tempo depois, reencontrei um antigo namorado da adolescência; mantivemos um relacionamento também muito conturbado. No dia do rompimento, após a partida dele, descobri a gravidez, já com quase quatro meses. Ao lhe contar, a resposta foi para que eu abortasse. Foi uma gravidez desafiadora, solitária, onde minha fé em minhas capacidades foi novamente testada. Encontrei na fé e no meu maior sonho, que, incrivelmente, estava realizando novamente — ser mãe — a força para seguir em frente. Em 2018, nasceu Daniel, meu filho caçula.

É indiscutível que você, mulher, mãe solo, profissional, que esteja agora em pedaços, tentando dar conta de tudo: eu sei como é. Mas também sei que é possível se reerguer. Com medo, com dúvidas, com cansaço — mas é possível. A maternidade não só me fortaleceu, mas também fortaleceu a fé em minhas próprias capacidades.

Continuei me especializando, mesmo com filhos pequenos e noites mal dormidas. Em 2019, participei de um evento que me apresentou a *Mentoria Black*, um programa voltado para advogados que buscavam crescimento pessoal e profissional. Solicitei a ficha de inscrição, mas, por motivos diversos, perdi todos os prazos. Não aceitei o "não" como resposta. Entrei em contato com um dos mentores, o Carlos, e fui autorizada a enviar a ficha de inscrição.

Sem saber como pagaria pela mentoria, algo me dizia que eu seria aprovada e daria conta de tudo. Com a notícia da aprovação, comecei a trilhar um novo caminho.

Anderson Amorim, Ingrid Marques e Arismar Amorim foram um divisor de águas na minha vida e, especialmente, no fortalecimento de minha fé.

Em uma das reuniões de orientação, Anderson me disse que eu estava no lugar errado e que tinha capacidade de fazer muito mais. Ali, tomei consciência de minha capacidade e a decisão de sair do escritório onde estava realmente foi uma grande realização. Pude realmente ser eu mesma, advogar do meu jeito e tratar os meus sonhos e vontades com prioridade. Alcancei tantos sonhos em pouquíssimo tempo. Bastou a fé.

Uma amiga, que por anos dizia estar construindo um escritório para nós duas, em 2020, jogou literalmente as chaves no meu colo. Trabalhamos juntas por três anos. Mas nossos caminhos se separaram. Tive que recomeçar mais uma vez. Me perguntei: "E agora, para onde vou?". Olha aí a falta de fé nas minhas próprias capacidades!

Com apoio dos meus mentores e da psicóloga da mentoria, Ingrid Marques, encontrei novamente a fé que pensava ter perdido. E aí, tudo aconteceu como um passe de mágica. É incrível, quando a fé em sua própria capacidade te domina, o universo conspira para a realização de seu sonho. Por acaso, soube que minha prima estava mudando sua empresa, pedi para falar com o dono do imóvel; logo, assinei o contrato e, em menos de um mês, estava com meu novo escritório pronto. Essa foi a força da fé somada à ação.

Muitos eram, ou melhor, são meus sonhos, mas, por vezes, a fé na minha capacidade de realizá-los me faltou: momentos em que encontrava força e incentivo nas pessoas que acreditavam em mim, mais do que eu mesma, como sempre fez Ingrid, independente da mentoria. Às vezes, precisamos que outras pessoas nos mostrem o quão capazes somos e que a fé nunca pode faltar, pois é ela que nos alavanca.

Vivi isso por diversas vezes. Enfrentei crises, perdas, isolamento, problemas de saúde como a Covid-19, que me deixou muito debilitada, uma grave pneumonia, responsabilidades imensas e a solidão de decisões difíceis. Confesso, cheguei a pensar que seria incapaz de realizar qualquer dos meus sonhos, mas ao analisar minha trajetória, notei que muitos já haviam sido realizados — especialmente, nos momentos em que deixei a fé me guiar. Assim segui, hoje lidero meu escritório com orgulho, atendo causas que conectam à minha missão.

Secretamente, um de meus sonhos, que sempre neguei para todos e, principalmente, para mim, era adquirir o carro que conquistei. Mesmo tendo condições financeiras para comprá-lo, me questionava, duvidava da minha capacidade de recompor meu financeiro; foi aí que meu amigo e mentor Arismar Amorim me disse: "Apenas acredite, tenha fé e pense, onde vou buscar esse valor para repor?" Incrivelmente, dias depois, ele, em um dos inúmeros eventos que frequenta, conheceu e me trouxe o cliente com quem fechei um contrato que pagou 3 vezes mais que o gasto no veículo.

Nem sempre dominamos a arte de acreditar em nossos sonhos, ou cultivaremos a fé em nossa capacidade, por isso não sofra, é normal. Os desafios surgem para nos treinar a ter fé mesmo quando tudo parece comprovar que ela não existe.

Em 2022, fui diagnosticada com Transtorno de Ansiedade Generalizada, depressão, crises de pânico e pensamentos suicidas.

Foi então que nasceu o **"TEM JEITO PODCAST"**, criado com minha amiga Marta Lobo. Queríamos contar histórias reais de superação e mostrar que, mesmo quando tudo parece perdido, sempre há um jeito, ou seja, a fé no invisível realiza os mais desafiadores sonhos.

Mesmo diante de muitos desafios, acreditar nos sonhos e cultivar a fé em sua própria capacidade te levará a lugares inimagináveis. Nem sempre tive fé firme. Inúmeras vezes me perdi, me questionei, me achei fraca, até entender que a fé em si é uma prática diária — uma escolha constante entre desistir e confiar. E, quando tudo parece escuro, basta um pequeno lampejo de fé para reacender a esperança.

Se há algo que aprendi com Arismar, Ingrid e Anderson, é que, com cada tropeço e cada recomeço, a fé em si mesma precisa ser cultivada, como uma chama que, mesmo pequena, é capaz de iluminar os piores dias.

Agora, escrevo este capítulo com a certeza de que tudo que vivi fez sentido. Assim: SONHE, SONHE MUITO. E, ao sonhar, não espere as condições ideais — elas podem jamais existir; o momento é agora. Se houver medo, faça dele sua régua e mola propulsora. Confie que você saberá o próximo passo quando chegar a hora. Cultivar a fé em sua capacidade te manterá de pé quando tudo parecer ruim. Acredite: não há impossível para quem insiste, resiste e acredita.

Você é seu maior projeto.

E o mundo espera a sua arte de acreditar em seus sonhos.

Daniela Trindade

@danielatrindade.trisan

@segurostrisan

Trisan Corretora

trisanseguros.com

TEMPO É O RECURSO MAIS VALIOSO QUE EXISTE. ELE PODE SER A CHAVE DO SEU SUCESSO — OU DO SEU FRACASSO.

Caro leitor, espero que os próximos momentos que passaremos juntos tragam um pulsar especial ao seu coração. Este capítulo foi escrito com muito amor, e desejo que você sinta essa verdade a cada página.

Sou Daniela Trindade, casada e mãe do Matheus – a realização da minha vida. Trabalho desde os 16 anos e trilhei uma jornada intensa até viver do empreendedorismo. Nele, encontrei o equilíbrio entre os pilares que regem minha vida: saúde, família e trabalho.

Tenho uma corretora de seguros há quase 10 anos e uma consultoria empresarial. Por meio dela, ajudo empresários a impulsionarem seus resultados com organização de processos e capacitação de pessoas, gerando a liberdade que tanto desejam para crescer com consistência. Me sinto realizada por ser a ponte entre o sonho e a realização.

Acesse o QR code ao lado:
conheça mais sobre a autora e escritora Daniela Trindade e seus projetos.

08

DEFINDO A PROSPERIDADE: O QUE SIGNIFICA SER PRÓSPERO DE VERDADE?

Por Daniela Trindade

Você já parou para pensar no que poderia ter feito se tivesse mais tempo? O que teria acumulado na vida se tivesse tido a oportunidade de fazer coisas que, por falta de tempo, não foram possíveis? Talvez você esteja pensando que poderia ter gerado mais renda... Mas não é sobre dinheiro que estou falando. Na maioria das vezes, a nossa falta de tempo acontece justamente porque nos dedicamos demais ao trabalho — e isso não significa que seremos mais ricos por causa disso.

Quero falar sobre outro tipo de acúmulo. Um acúmulo que realmente importa: de memórias, de histórias, de momentos que você poderia ter vivido — se tivesse tido mais tempo.

Desde sempre ouvi um ditado: **podemos aprender pelo amor ou pela dor**. E, com base nele, fiz minhas escolhas. Optei por aprender pelo amor. E isso pode acontecer de diversas formas: ouvindo conselhos, observando quem já passou por algo parecido, extraindo da experiência do outro lições para minha própria jornada.

Quero compartilhar com você de onde vieram as minhas referências. Claro, sob a minha perspectiva.

Sou filha de uma mulher FORTE. Uma mulher que escolheu buscar o melhor para os filhos. Deixou a Bahia, recomeçou a vida em São Paulo após uma separação, e foi aqui que ela construiu a nossa história. Esse é o primeiro ponto que quero destacar: **na vida, teremos momentos-chave de decisão**. Saber o que queremos é fundamental, mas nem sempre essa resposta está clara. Então pense: o que você NÃO quer? Isso também pode te impulsionar.

Sempre vi minha mãe trabalhando muito. Lutando, buscando o melhor para a nossa família. Como provedora, exerceu um papel essencial. Lembro de momentos em que estudávamos juntas. Ela, exausta, ainda assim estava ali, presente. Disponível. Esse exemplo me ensinou a priorizar o que realmente importa.

Não conseguiremos dar conta de tudo. Mas, se definirmos o que é essencial e o que é inegociável na formação do caráter dos nossos filhos, então, sim, mudamos o jogo.

Os anos passaram e me recordo dela dizendo: "Você tem que trabalhar." Peguei o telefone e liguei para o CIEE. Era quase oito da noite. Perguntei se havia alguma vaga para mim. A moça disse que não. Mas eu insisti: "Moça, olha de novo, por favor." E então ouvi: "Ah, tem sim! Uma vaga em Guarulhos. Pode ser?" Eu respondi: "Pode, sim!" No dia seguinte, fui à entrevista, fui aprovada, e, aos 16 anos, comecei a trabalhar nas Lojas Renner. Aquele lugar mudou o meu destino.

Ali aprendi uma das maiores lições da minha vida: não se contente com o primeiro "não". Às vezes, o sim está só um passo além da sua insistência.

Na Renner tive aprendizados pessoais e profissionais. Conheci a pessoa com quem formaria minha família. Fui desafiada — e os desafios me fizeram crescer. Entrei como estagiária no crediário e, sempre que via uma oportunidade, buscava conhecer outras áreas. Aos 18 anos, fui efetivada e pude escolher onde queria atuar por ter adquirido experiência nos outros setores no período do estágio, por opção minha.

Não podemos delegar nossos objetivos a ninguém. O sonho é nosso. E somos nós que devemos persegui-lo.

Mas algo sempre apertava meu coração. Eu queria tempo. Queria equilíbrio. No *shopping*, era uma loucura: sem Natal, sem Ano Novo, sem Dia das Mães... sempre trabalhando. E foi aí que decidi: eu não quero mais isso para mim.

Na faculdade, um amigo me indicou para uma entrevista na Porto Seguro. Cheguei no horário combinado e percebi que eu era a única ali, não apareceu mais ninguém para a entrevista A gestora me olhou e disse: "Eu não posso não te contratar. Você fez sua parte. Está contratada." Saí de lá radiante. Pensei: "Ainda bem que eu vim."

A empresa me abriu as portas para um novo mercado, mas havia um porém: ela era muito grande, e eu queria crescer rápido. Meu plano era ser gerente até os 30. Então, quando soube de uma oportunidade numa empresa que estava em crescimento, não pensei duas vezes. Fui para a entrevista e fui admitida.

Deu certo. Foram oito anos e oito meses de dedicação. Cresci com eles, cheguei à gestão, me sentia realizada. Mas já não conseguia sair no horário e o que era para ser uma exceção, passou a ser rotina. Todos os dias, saindo muito tarde. Teve momentos em que o porteiro batia na minha porta falando que tinha que fechar o prédio. Já casada, com o sonho de ser mãe, percebi que naquela rotina eu não conseguiria ser uma mãe presente. E isso, para mim, era inegociável.

Aos 28, acordei no meio da noite com uma pressão forte no peito. Achei que fosse morrer. Meu corpo gritava o que minha mente já sabia: não dava mais.

Aos 29 anos sai desta empresa. Mesmo com tantas convicções, me vi recomeçando perto dos 30. Achei que já estaria "com a vida resolvida". Sou da época em que se acreditava que os 30 anos eram a idade do sucesso, mas eu ainda não entendia bem o que a palavra sucesso representava. Eu já era casada, mas não tinha filhos, e ainda presa ao modelo do mercado formal, entrei numa crise de identidade.

Mas uma coisa eu sempre digo: **você pode até sair do eixo por um momento. Mas precisa voltar logo.**

Em novembro de 2016, tomei a melhor decisão, fundei a *Trisan Corretora e Consultoria de Benefícios*. Eu queria viver a maternidade da forma que sonhei. Viver momentos com a minha família, ter tempo para os momentos que realmente importam. Veio luta, frustração, vitória, choro e alegria. Mas em tudo, vi o cuidado de Deus.

Ainda faltava algo. Eu acreditava — e acredito — que todos podem viver de forma leve e produtiva. Não fazia sentido viver apenas para trabalhar. Em um treinamento, compartilhei esse pensamento. As pessoas se identificaram. Foi quando entendi: era isso que eu queria fazer.

Então, novos planos nasceram. Meu esposo tornou-se meu sócio. Ele segue com a corretora. Eu, com a consultoria. E assim nasceu a *Trisan Essence* — com o objetivo de transformar resultados das empresas por meio de pessoas, dando ferramentas para que eles se transformem no seu melhor.

Realizei meu sonho de ser mãe, de viver a maternidade como imaginei.

Me realizei profissionalmente. E posso, através do meu propósito, **transformar a vida de outras pessoas**.

Nada disso teria sido possível sem as pessoas que acreditaram em mim. Tive uma base familiar sólida. Deus me deu a melhor mentora que eu poderia ter: minha mãe, minha maior inspiração. Meu esposo, parceiro de vida. Este ano celebramos 22 anos juntos. E desse amor, veio nosso filho Matheus, que é tudo o que sempre sonhamos. Deus foi muito generoso!

Aos familiares que sempre nos apoiaram, aos amigos que deixaram sua marca em minha caminhada: minha eterna gratidão.

E você? Já parou para pensar o que é ser próspero?

Para mim, prosperidade é ter tempo.

Tempo é o recurso mais valioso que existe. Ele pode ser a chave do seu sucesso — ou do seu fracasso.

Então, pare. Reflita. E, se preciso for, recalcule sua rota.

Porque viver com propósito é, antes de tudo, viver com tempo para aquilo que realmente importa.

ELISÂNGELA ROCHA

@chef.elisangelarocha

Chef Elisângela Rocha

chefelisangela.com.br

(19) 99728-2233

> **AO NOS ABRIRMOS A NOVAS INTERAÇÕES E INVESTIRMOS EM RELAÇÕES VERDADEIRAS, TRANSFORMAMOS ENCONTROS EM OPORTUNIDADES MARCANTES.**

Olá! Sou Elisângela Almeida Rocha, formada em Administração de Empresas, Gastronomia, Nutrição e Dietética, além de Contabilidade. Atualmente atuo como Chef de Cozinha e gerente de eventos corporativos, unindo minha paixão pela culinária à minha experiência em gestão.

Tenho um perfil dinâmico, organizado e criativo, com forte habilidade em liderar equipes, planejar eventos e oferecer experiências gastronômicas memoráveis. Acredito no poder da boa comida para conectar pessoas e transformar momentos. Estou sempre em busca de inovação, aprendizado contínuo e excelência em tudo o que faço.

Acesse o QR code ao lado:
conheça mais sobre a autora e escritora Elisângela Rocha e seus projetos.

09 A ARTE DA CONEXÃO: COMO O NETWORKING TRANSFORMA VIDAS E NEGÓCIOS

Por Elisângela Rocha

O objetivo deste capítulo é demonstrar que o *networking* não é apenas trocar cartões de visita ou ser mais um na lista de contatos, mas sim estabelecer relacionamentos intencionais que alimentam o crescimento pessoal, profissional e de negócios. Ao final, o leitor terá clareza sobre como iniciar, nutrir e converter suas conexões em oportunidades reais e duradouras.

A importância da conexão humana

Desde tempos imemoriais, o ser humano se define como ser social, necessitando do próximo para viver, aprender e se desenvolver. Trocamos saberes, externamos sentimentos e criamos laços que consolidam nossa identidade em grupo. Habitando comunidades, tribos, cidades e, hoje, em um mundo cada vez mais interligado, destaca-se a importância da comunicação.

Ao reconhecermos que cada pessoa possui valores, competências e vivências únicas, notamos que, ao juntarmos esses elementos distintos, podemos atingir resultados mais expressivos do que individualmente. Ninguém evolui isoladamente: cada vitória pessoal resulta de interações anteriores, seja um conselho, uma indicação ou uma oportunidade generosamente oferecida.

Networking como alavanca do desenvolvimento individual

Nesse contexto de grande dinamismo, o networking surge como ferramenta valiosa. Não se resume a acumular contatos ou trocar cartões, mas a construir relações sólidas, baseadas na reciprocidade. Ao estarmos abertos ao diálogo, ao apoio mútuo e à colaboração, formamos uma rede que expande nossos horizontes, perspectivas e nos conecta a novos saberes, impulsionando nossa evolução pessoal e profissional.

Para ilustrar o poder de uma conexão, compartilho uma experiência pessoal que transformou minha trajetória.

Em um evento para mulheres empreendedoras, recebi, como presente, um ingresso para a imersão de autoconhecimento do *Instituto Win*. Feliz, preparei-me para participar da atividade que duraria dois dias — mal sabia que aquilo mudaria tudo.

Nos primeiros momentos da imersão, vi que o local reunia ideias e pessoas dispostas a valorizar o potencial alheio. Em poucos meses, passei de participante a patrocinadora de eventos do Instituto Win. O convite se tornou parceria: participei de formações, criei laços com a comunidade e conquistei a confiança de profissionais.

Agora, grata, sou convidada pelo CEO do Instituto Win, José Carlos Boito, para escrever este capítulo, percebendo como as conexões daquele final de semana me levaram a explorar novos caminhos, tanto pessoal quanto profissionalmente.

Este exemplo evidencia que, ao nos abrirmos a novas interações e investirmos em relações verdadeiras, transformamos encontros em oportunidades marcantes.

Networking no cenário profissional e empresarial

Construir uma rede de contatos no trabalho é muito mais do que apenas colecionar nomes — é sobre criar uma conversa verdadeira, focada e bem direcionada. Isso quer dizer que você precisa saber expressar suas ideias e metas com clareza, mas também estar pronto para ouvir de verdade o que os outros têm a dizer. Quando você presta atenção nas necessidades e nos problemas dos seus colegas e parceiros, você mostra que se importa de verdade e abre caminho para conversas mais significativas. Essa forma de se comunicar aumenta a confiança e faz com que as pessoas vejam você como alguém que realmente valoriza o trabalho em equipe.

Outro ponto fundamental é estar sempre aberto a aprender coisas novas e a atualizar o que você já sabe. No mundo dos negócios, as coisas mudam o tempo todo, e quem não se adapta corre o risco de ficar obsoleto. Admitir que você sempre pode aprender mais, seja uma nova forma de gerenciar, uma ferramenta digital ou até mesmo uma técnica de apresentação, ajuda você a se manter atualizado. Essa atitude também incentiva as pessoas a compartilhar o que sabem com você, porque elas percebem que você está interessado em aprender junto e não apenas em se destacar sozinho.

Para construir relacionamentos profissionais fortes, é preciso ter paciência e pensar no futuro. Em vez de simplesmente trocar cartões de visita, procure conhecer as histórias das pessoas, entender seus projetos e oferecer ajuda quando necessário.

Quando você aceita um convite para um bate-papo, marca um café ou participa de um encontro informal, você mostra que valoriza a relação. Pequenos gestos, como enviar um artigo interessante, elogiar uma conquista ou indicar alguém que pode ajudar com um problema, mantêm esses laços fortes. Com o tempo, essa prática cria uma rede de apoio sólida, onde as pessoas se sentem motivadas a ajudar e a recomendar você.

Como potencializar sua conexão profissional: recursos essenciais

Envolver-se ativamente em grupos e comunidades de networking é uma tática poderosa para alargar seus âmbitos de atuação no trabalho. Seja em reuniões presenciais, plataformas online, entidades de classe ou eventos de empresas — esses locais são pensados precisamente para estimular a partilha de vivências e a criação de laços importantes. Ao se integrar nesses ambientes, você conquista destaque, fica por dentro das novidades e aumenta as chances de descobrir caminhos que normalmente são pouco acessíveis.

Ademais, integrar grupos que juntam profissionais de variadas áreas expande seu ponto de vista, possibilitando que você importe conceitos e métodos inovadores para o seu próprio campo profissional.

Outro fator essencial para que o networking gere resultados reais é o investimento constante em aprimoramento. Comparecer a cursos, palestras online, programas de mentoria são maneiras de explicitar o seu comprometimento com o seu próprio avanço. Essa atitude não só reforça sua imagem como um profissional dedicado e em progressão contínua, como também atrai outras pessoas com a mesma forma de pensar.

No cenário corporativo, um networking produtivo vem da união de vários elementos: comunicação transparente e direta, abertura para assimilar com os outros, construção de vínculos genuínos, atuação constante em grupos e a procura incansável por novos saberes. Essas práticas fazem com que você se eleve além de um simples nome em uma base de dados, transformando você em um autêntico propulsor de progresso, auxiliando no desenvolvimento mútuo e estabelecendo uma trajetória profissional firme, admirada e plena de sentido.

Cultivando relacionamento de longo prazo

No universo profissional e empresarial, é inevitável lidar com pressões e situações inesperadas a qualquer momento. Por isso, é essencial que as conexões que criamos sejam duradouras e consistentes, capazes de resistir ao tempo e se fortalecer justamente quando mais precisamos.

Manter esses vínculos exige um esforço contínuo: é fundamental estabelecer canais de comunicação abertos e frequentes. Compartilhar atualizações sobre projetos, dividir desafios e celebrar conquistas — juntos — fortalece a empatia e cria um sentimento de pertencimento.

Quando uma crise surge, seja uma dificuldade financeira, uma mudança abrupta no mercado ou uma questão pessoal, o outro lado já conhece seu contexto e está preparado para colaborar de maneira eficaz. Em contrapartida, o distanciamento e a falta de comunicação podem enfraquecer os laços e dificultar o apoio quando ele for mais necessário.

Relacionamentos profissionais duradouros são capazes de transformar momentos de crise em oportunidades de crescimento conjunto. Ao cultivar conexões pautadas por diálogo constante, reciprocidade, empatia e flexibilidade, você constrói uma rede de apoio que não apenas impulsiona sua trajetória profissional, mas também oferece sustentação pessoal nos períodos mais desafiadores.

Transformando conexões em oportunidades de negócios

Em outubro de 2018, vivi na prática como uma simples indicação pode se transformar em uma oportunidade de negócio de grande impacto. Tudo começou quando um concorrente, relutante em comparecer a uma reunião, me indicou para fornecer hot dogs em um evento corporativo. Aproveitei a chance e solicitei um encontro presencial para alinhar detalhes do serviço de food service. Para minha surpresa, ao chegar à reunião, fui desafiada a assumir a organização completa do evento: não apenas a alimentação com hot dogs, mas também a locação de tendas, mesas e cadeiras; a contratação de fotógrafo; a recepção e o cerimonial; o serviço de foto lembrança; o entretenimento e a alimentação geral dos convidados — muito além do que eu havia imaginado inicialmente.

Aceitar esse desafio colocou meus nervos à prova. Tive que coordenar fornecedores de diferentes segmentos, gerenciar prazos apertados e garantir que cada detalhe refletisse o padrão de qualidade que eu estabelecera para meu buffet. O evento, batizado de ***Family Day***, surgiu como uma iniciativa de cultura corporativa onde a empresa anfitriã esperava oferecer uma experiência completa para seus colaboradores e familiares. Naquele fim de semana de outubro, vi a montagem das tendas, a disposição das mesas e cadeiras, a curva de luz perfeita nas fotografias, o sorriso dos convidados ao receberem sua foto lembrança e a alegria contagiante das crianças ao se divertirem com o entretenimento.

O resultado superou qualquer expectativa: a organização impecável do evento rendeu elogios dos clientes e gerou um efeito cascata de novas contratações. A partir daquele momento, passei a realizar outros ***Family Day*** no mesmo formato, culminando até hoje no maior deles, que reuniu **1.390 convidados**.

Esse case mostra que, muitas vezes, uma porta que se abre por uma simples "indicação de concorrente" pode revelar-se um portal para negócios muito maiores. Foi essa conexão — um abraço de confiança entre dois profissionais do setor — que me permitiu expandir meu portfólio, assumir projetos mais complexos e consolidar minha reputação em eventos corporativos de grande escala.

Guia de plano de ação para fortalecer seu networking

1. Defina objetivos claros:

- Estabeleça metas mensuráveis, como aumentar contatos, obter indicações ou ser convidado para eventos.

2. Mapeie contatos-chave:

- Liste pessoas e empresas relevantes: colegas, fornecedores, organizadores, ex-colegas.
- Priorize os contatos em alta, média ou baixa, conforme afinidade e potencial de colaboração.

3. Participe ativamente de grupos e eventos:

- Inscreva-se em comunidades online e participe de eventos presenciais.
- Esteja presente em pelo menos um evento mensal.
- Prepare um *pitch* pessoal e busque interagir com novas pessoas.

4. Agende conversas individuais:

- Realize ao menos 2 encontros (presenciais ou virtuais) por mês.

- Faça *follow-up* em até 48 horas e proponha colaborações sempre que possível.

5. Produza e compartilhe conteúdos:

- Publique regularmente: 2 posts ou artigos mensais, 1 vídeo curto e uma *newsletter* bimestral.
- Isso reforça sua autoridade e mantém sua rede atualizada.

6. Nutra relacionamentos:

- Mantenha contato com mensagens personalizadas, felicitações e sugestões de colaboração.
- Acompanhe as mudanças profissionais dos seus contatos.

7. Meça os resultados:

- **Monitore:**
  - Novos contatos qualificados;
  - Reuniões realizadas;
  - Oportunidades geradas;
  - Participação em eventos;
  - Engajamento nas redes sociais;
  - Ajuste as estratégias conforme a performance.

Checklist resumido:

✓ Metas definidas.
✓ Contatos priorizados.
✓ Participação ativa em eventos e grupos.
✓ Reuniões periódicas e follow-up ágil.
✓ Conteúdo consistente.
✓ Relacionamentos mantidos.
✓ Resultados monitorados.

Dicas Finais

- Seja consistente: reserve horários fixos na agenda.
- Registre tudo (planilha ou CRM).

- Revise indicadores trimestralmente.
- Foque em relações genuínas e colaborativas, não apenas transacionais.

Espero que, ao seguir esse plano de ação prático, você crie uma rede sólida, capaz de sustentar seu crescimento profissional e gerar oportunidades de negócio, mesmo em contextos desafiadores.

Sua evolução está a uma conexão de distância.

Agradecimento

Agradeço a Deus, que me deu a oportunidade de escolher meus caminhos e a coragem necessária para enfrentar os desafios que se colocaram diante de mim.

Minha gratidão também vai a todas as pessoas que fizeram, fazem e farão parte da minha história. Ciclos de amizade que, em cada conexão e cada interação, foram essenciais para que eu me tornasse quem sou hoje: alguém enriquecido por conhecimento, experiências e aprendizados que só foram possíveis graças a essas trocas — a todos vocês, meu sincero obrigado.

Dedicatória

Dedico este capítulo ao meu pai e à minha mãe, cada um com seu jeito peculiar de ser e suas formas opostas de enfrentar a vida. Foi por meio deles que aprendi o equilíbrio necessário para seguir meu próprio caminho. Do meu pai, herdei a garra e a força, que me ensina a lutar pelos meus objetivos com determinação e coragem. Da minha mãe, trouxe a calma, a bondade e a generosidade que ela tão amorosamente me transmitiu durante sua jornada terrena. A vocês, que são minhas maiores inspirações, esta dedicatória com todo o meu amor e respeito.

Fernanda Faria

@fernandaleslen

@jttelecom

> **QUANDO UMA MULHER ACREDITA EM SI MESMA, ELA LEVANTA UMA GERAÇÃO COM ELA.**

Sou Fernanda Faria, mulher, esposa, mãe e empreendedora. Acredito que nenhuma história de sucesso se constrói sem propósito, e foi ele que me trouxe até aqui. Minha trajetória é marcada por desafios e decisões corajosas, sustentada por fé, conhecimento e ação. Sou pedagoga, com pós em Psicopedagogia e especialização em Recursos Humanos, formações que me ajudaram a compreender pessoas e a importância do desenvolvimento contínuo. Atuei por anos na área financeira da JT Telecom, mas descobri minha realização em desenvolver pessoas, liderar com empatia e transformar equipes com uma cultura sólida e humanizada. Sou idealizadora do Grupo Empresários de Jundiaí, conectando mais de 900 empreendedores em uma rede de propósito e colaboração.

Acredito no poder das conexões, na liderança empática e na coragem de recomeçar. Meu propósito é claro: ajudar mulheres a despertarem sua força e transformarem o que as cerca.

Acesse o QR code ao lado:
conheça mais sobre a autora e escritora Fernanda Faria e seus projetos.

10

TRANSFORMANDO O IMPOSSÍVEL

Por Fernanda Faria

Minha trajetória começou cedo, muito antes de eu compreender o peso da palavra "responsabilidade". Aos 14 anos, operava a porta da van escolar da minha família — um gesto simples, mas simbólico, que me ensinava, ainda sem perceber, o valor do trabalho e do comprometimento.

Aos 21 anos, enfrentei um dos momentos mais difíceis da minha vida. Minha irmã, que sempre foi uma grande apoiadora da minha caminhada como mulher, passava por uma fase extremamente delicada. Precisou de cuidados intensos, e minha mãe precisou estar ao lado dela, na cidade de Taubaté. Para que isso fosse possível, tive que mudar minha categoria da CNH e assumir a responsabilidade de sustentar nossa família, juntamente com o meu pai. Foi um tempo sombrio, mas também um marco de transformação.

Infelizmente, no ano de 2011, ela partiu de forma precoce e muito dolorosa, enquanto estava na Índia. A ausência dela ainda ecoa em mim. Mas o amor, o apoio e a força que ela sempre me transmitiu se tornaram parte da minha essência. Foi esse vínculo que me fortaleceu ainda mais — como mulher, como filha, como empreendedora.

Não foi apenas uma fase difícil, foi um divisor de águas. Um tempo em que a dor se misturava à coragem e moldava, silenciosamente, uma mulher determinada a não se render.

Em 2012, fundei minha primeira empresa no ramo de telecomunicações, mas sem o preparo adequado.Trabalhei com paixão, mas sem estratégia. Resultado: quebramos.

Mesmo assim, não desisti. Em 13 de agosto de 2013, nasceu a *JT Telecom*. Mais uma vez, iniciamos com coragem, mas sem estrutura. Quando percebemos, nós estávamos à beira da falência novamente, e naquele momento, tomamos uma decisão transformadora: contratamos uma consultoria e mergulhamos no estudo e na gestão estratégica. Ali começou a verdadeira virada.

Por anos, liderei a área financeira — uma função que exerci com disciplina, mas que não me realizava. Sou pedagoga, com pós-graduação em psicopedagogia e também em recursos humanos e desenvolvimento de pessoas. Quando entendi que meu verdadeiro talento era desenvolver pessoas, reposicionei minha atuação e assumi meu lugar como diretora de RH. Hoje, sou completamente realizada com o que faço.

Em 2017, decidi realizar uma cirurgia bariátrica — um sonho antigo. Mas, infelizmente, não era o momento certo. Durante o procedimento, sofri uma parada cardíaca de 3 minutos. Voltei à vida sem compreender de imediato o propósito por trás daquele susto. Segui em frente.

Mas em 2020, após ser diagnosticada com um tumor uterino, enfrentei uma nova prova. O tratamento foi interrompido por conta da pandemia. Tive que remover o útero — uma notícia devastadora, principalmente porque ainda sonhava em ser mãe novamente.

Mesmo assim, mantive a esperança viva dentro de mim. Por conta da pandemia, minha cirurgia precisou ser adiada, o que só aumentou a ansiedade e a espera. Até que, em novembro de 2021, finalmente enfrentei o procedimento. Mas, mais uma vez, a vida me surpreendeu com um novo susto: sofri outra parada cardíaca — desta vez, por longos 5 minutos e 58 segundos. Quando fui desentubada, algo em mim havia mudado. Senti uma força inexplicável me atravessar. Era como se Deus estivesse me devolvendo à vida com um propósito ainda mais claro: inspirar, liderar, transformar. Hoje, lidero com orgulho a *JT Telecom* e fundei o grupo *Empresários de Jundiaí*, que conecta mais de 900 empreendedores. Acredito que empreender é mais do que um negócio, é transformar vidas, começando pela nossa.

Jamais subestime a força de uma mulher que decide reescrever sua história. Acredite nos seus sonhos com fé, estratégia e coragem. Porque sonhar é arte, mas realizar exige decisão.

Mulheres que sonham e empreendem

A você, mulher que carrega o peso do mundo nas costas e, ainda assim, continua de pé: eu te vejo.

Se você chegou até aqui, saiba que você já é forte. E mesmo que ninguém reconheça o quanto você tem enfrentado em silêncio, eu reconheço. E mais do que isso: eu quero te lembrar que há um poder dentro de você capaz de reconstruir o que parecer ter sido destruído.

Minha história é a prova viva de que não precisamos nascer prontas para vencer. Precisamos nascer dispostas. Dispostas a aprender com os erros, a recomeçar quantas vezes for preciso, a nos olhar no espelho e reconhecer que somos humanas — imperfeitas, mas completas.

Fui julgada por falhar, por quebrar, por ser emocional demais. Mas aprendi que a minha sensibilidade é força. Que as lágrimas que derramei foram o solo fértil para os frutos que colho hoje. Nenhuma dor foi em vão. Cada obstáculo moldou a mulher e a empresária que me tornei.

Empreender como mulher no Brasil é um ato de coragem. Lidamos com o machismo, com a sobrecarga, com o medo de não dar conta. Mas mesmo assim, avançamos. E é sobre isso que quero falar com você: sobre avançar.

Não espere o momento perfeito. Ele não existe. Comece com o que você tem, onde você está. Duvide do medo, não da sua capacidade. Cerque-se de pessoas que acreditam em você. E, principalmente, acredite em si mesma, mesmo quando tudo parecer desmoronar.

Você não precisa ser a mais inteligente da sala. Precisa ser a mais determinada.

Você não precisa ser perfeita. Precisa ser você.

Você não precisa saber tudo. Precisa estar disposta a aprender.

Minha missão hoje é inspirar mulheres como você a não desistirem de si mesmas. A não desistirem de seus negócios. A não desistirem dos seus sonhos. O mundo precisa do seu talento, da sua visão, da sua sensibilidade. E você pode transformar não apenas sua vida, mas a vida de todos ao seu redor.

Lembre-se: você não está sozinha. Estamos juntas nesta jornada. E se eu conseguir acender uma faísca de esperança no seu coração, já valeu a pena contar minha história.

Meu propósito: viver, empreender e servir

Não fui salva duas vezes por acaso. Sobreviver a duas paradas cardíacas é mais do que uma estatística médica — é um chamado. Um propósito maior que me atravessa, me constrange e me impulsiona todos os dias.

Eu poderia ter morrido. Mas Deus me trouxe de volta. E me devolveu com uma nova missão: ser instrumento de transformação na vida de outras mulheres. Mulheres que, assim como eu, já pensaram em desistir. Mulheres que escondem as lágrimas atrás do batom, que silenciam seus sonhos por medo de não serem boas o bastante, que colocam todos à frente de si mesmas.

Minha história, com todas as suas cicatrizes, não é um fim. É um recomeço. E cada mulher que alcanço, oriento, acolho e desperto, é uma semente plantada com fé. Fé em um Deus que não desperdiça dor. Que transforma caos em propósito, fraqueza em força, e falência em missão.

Empreender, para mim, é mais do que abrir um CNPJ ou vender um produto. É criar impacto. É ativar dons adormecidos. É gerar vida onde só havia medo.

Se você chegou até aqui, leve essa certeza com você: Deus não te trouxe até esse ponto para te abandonar. Existe uma força dentro de você pronta para florescer. Não tenha medo de falhar. Tenha fé no seu chamado.

Você nasceu para muito mais do que sobreviver. Você nasceu para florescer, liderar, empreender e inspirar.

Manifesto da vida: para mulheres que renasceram com propósito

Eu morri duas vezes. E voltei.

Voltei porque Deus não havia terminado comigo.

Se estou viva, é porque há um chamado.

Se estou aqui, escrevendo estas palavras, é porque há mulheres — talvez você — que precisam lembrar que ainda dá tempo.

Não há dor que Deus não use. Não há falência que Ele não transforme em fundação.

A minha vida, marcada por quedas e recomeços, não é um conto de superação.

É uma prova viva de que o impossível recua diante da fé e do trabalho de uma mulher que decide não se calar.

Hoje, sei que minha missão é clara: usar minha voz, minha história e minha experiência para acender a luz de outras mulheres.

Eu respiro para impulsionar mulheres a retomarem suas jornadas. Mulheres que deixaram seus sonhos adormecidos, desacreditadas, silenciadas, esquecidas.

A você, mulher empresária ou mulher que ainda não sabe que pode ser, eu te digo:

Você não nasceu para se esconder.

Você nasceu para impactar, liderar, ensinar e florescer.

O mundo precisa da sua visão, da sua força, da sua sensibilidade.

Não espere ter todos os recursos.

Tenha fé.

Não espere ter todas as respostas.

Tenha coragem.

Não espere ser reconhecida.

Se reconheça.

Porque quando uma mulher acredita em si mesma, ela levanta uma geração com ela.

Hoje, eu entendo que cada lágrima que derramei tinha um propósito.

E se, com a minha história, eu puder impedir que outra mulher desista de si — então, minha missão está sendo cumprida.

Você não está sozinha.

Você é escolhida.

Você é capaz.

Você é a resposta que o mundo esperava.

Agradecimentos

Ao meu esposo, Thiago Alexandre, meu companheiro de vida, de fé e de jornada. Sua presença firme e seu amor constante foram meu porto seguro nas tempestades e minha motivação nos dias bons. Obrigada por acreditar em mim, mesmo quando eu duvidava.

Ao meu filho, Leonardo Alexandre, meu maior presente e minha inspiração diária. É por você que continuo lutando, sonhando e acreditando em um futuro melhor. Ver você crescer é o combustível que alimenta meu propósito.

Aos meus pais, Célia e Sebastião, por todo amor, apoio e valores que me ensinaram desde cedo. Tudo o que sou tem um pedaço de vocês. Obrigada por nunca soltarem a minha mão.

À minha irmã, Ângela, que permaneceu ao meu lado em tantos momentos importantes, oferecendo apoio, cuidado e presença constante. À minha irmã, que mesmo ausente fisicamente, segue viva dentro de mim em cada conquista e decisão. Sua memória é força e ternura.

Aos meus sobrinhos, que representam a continuidade do amor da nossa família. Que vocês cresçam cercados de fé, coragem e sonhos.

Obrigada por serem parte essencial da minha história.

Guilherme Henrique Oliveira

@guihenriqueso

@newcastlevalinhos / vinhedo

@Brothercast_empreendedor

> **O SILÊNCIO É A LINGUAGEM DO SÁBIO. EM UM MUNDO TÃO BARULHENTO, ÀS VEZES A SABEDORIA ESTÁ JUSTAMENTE EM NÃO DIZER NADA.**

Tornei-me empresário aos 22 anos e, desde então, venho desbravando o setor educacional com coragem, visão e propósito. Sou proprietário da Newcastle Idiomas (Valinhos e Vinhedo) e do Colégio Objetivo Campinas, fundador da mentoria Engrenagem Empresarial e consultor de negócios. Também sou sócio da JS Advogados, ao lado da minha esposa.

Engenheiro de formação, com MBA em Gestão e Empreendedorismo, acumulo mentorias e vivências internacionais em mais de 26 países, experiências que ampliaram minha visão estratégica e humana sobre negócios.

Cristão, marido e líder, acredito que a fé e a família são os pilares que sustentam minha trajetória. Hoje, com 30 anos, lidero um ecossistema em constante expansão, formando times de alta performance e ajudando outros empreendedores a crescerem com estratégia, valores e excelência.

Acesse o QR code ao lado:
conheça mais sobre o autor e escritor Guilherme Henrique Oliveira e seus projetos.

11

O IMPACTO DOS RELACIONAMENTOS: COMO AMIGOS E FAMILIARES PODEM AFETAR SEU BEM-ESTAR

Por Guilherme H. Oliveira

"Aquele que anda com os sábios será cada vez mais sábio, mas o companheiro dos tolos acabará mal."

– Provérbios 13:20

Todas as pessoas possuem diversos tipos de relacionamentos, seja com familiares, amigos, colegas de trabalho, vizinhos ou meros conhecidos, pessoas próximas ou distantes de seu convívio.

Todos os tipos de relacionamentos podem, de uma forma ou outra, influenciar, mudar, alterar ou impactar o seu dia, sendo que, a depender do tipo de relacionamento, pode até mesmo transformar, de forma positiva ou negativa, a sua vida.

Além do aspecto pessoal e subjetivo de cada indivíduo, os relacionamentos que nutrimos são uma parte essencial e considerável do rumo que a nossa vida terá.

Relacionamento com amigos e familiares impacta diretamente nosso bem-estar. Eles não apenas afetam nossas emoções, mas também moldam nosso crescimento pessoal e profissional. Sem perceber, muitas vezes carregamos padrões e crenças herdados desses vínculos, influenciando nossas escolhas, atitudes e até como enxergamos o futuro.

Por esse motivo, devemos nos manter atentos a todos os tipos de relacionamentos que possuímos, especialmente com familiares e amigos, pois são capazes de alterar significativamente o caminho que iremos trilhar.

Jesus, o maior especialista em pessoas que já existiu, nos oferece um exemplo atemporal de como se relacionar de forma intencional. Durante sua caminhada, Ele se relacionou com diferentes tipos de pessoas, cada uma com um papel específico.

No auge de sua vida ministerial, Jesus possuía cerca de 500 amigos estratégicos — pessoas que o acompanhavam, admiravam sua missão, mas que não faziam parte do seu convívio íntimo. Dentre esses, apenas 12 eram próximos, fazendo o papel de discípulos, aprendendo com Ele e vivendo a jornada lado a lado. E, entre os 12, havia somente 3 amigos íntimos: Pedro, Tiago e João. Com esses, Jesus dividia os momentos mais intensos e pessoais da sua vida.

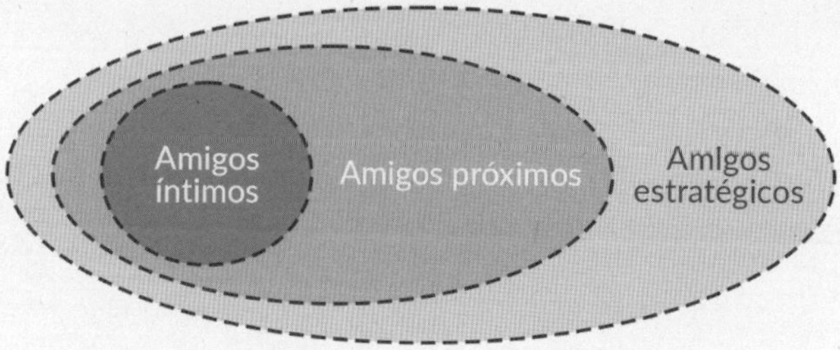

Essa organização relacional continua atual. Todos nós, de forma consciente ou não, vivemos em círculos de relacionamento semelhantes. Existem os amigos estratégicos, que contribuem com nossa jornada, agregam valor profissional ou social, mas não estão presentes nos momentos mais difíceis. Depois, temos os amigos próximos, aqueles que enfrentam as batalhas ao nosso lado, celebram as vitórias e compartilham a caminhada mais de perto.

E, por fim, os amigos íntimos, os que conhecem nossa essência, com quem podemos ser vulneráveis e nos sentimos seguros para compartilhar dores e sonhos.

Compreender essas esferas de relacionamento é essencial, pois pode evitar inúmeras frustrações. Quando esperamos de um amigo estratégico a lealdade de um íntimo, nos decepcionamos. Classificar amizades não significa excluir pessoas, mas proteger o coração e estabelecer expectativas saudáveis.

Ainda assim, mesmo com critérios claros, estamos sujeitos a decepções. Quanto mais íntimo alguém é, maior o impacto emocional de uma decepção. Jesus — que nunca errou — foi traído por Judas, um dos seus doze discípulos, e negado por Pedro, um de seus amigos mais próximos. Jesus sabia que Judas o trairia, tanto que nunca compartilhou segredos com ele. Já Pedro, apesar da falha, mostrou arrependimento e foi restaurado. Isso nos ensina que, além de classificar as amizades, precisamos desenvolver sabedoria para perdoar. Nem sempre vamos acertar nas escolhas, mas sempre podemos escolher o caminho do amor e da reconciliação.

Durante a pandemia, vivi um dos períodos mais difíceis da minha vida e, ao mesmo tempo, um dos que mais me fizeram crescer. Quando estamos no fundo do poço, os relacionamentos se revelam com clareza. Você entende quem está com você por conveniência e quem permanece por amor. Foi nesse período que percebi a importância de estar mais próximo de Deus, de buscar mentores que pudessem me orientar, valorizar quem realmente contribui para o meu crescimento, e a importância do cuidado do corpo, da alma e do espírito.

O povo brasileiro é naturalmente amigável, o que torna o Brasil um país acolhedor. Porém, essa característica cultural também nos leva, muitas vezes, a compartilhar demais com pessoas que não têm intimidade suficiente para lidar com o que dizemos. É comum expormos a vida em excesso, especialmente nas redes sociais, o que tem se tornado um problema. Ao nos posicionarmos publicamente, atraímos pessoas com base naquilo que mostramos: simpatia, profissão, estilo de vida, opinião. Por isso, é essencial ter discernimento sobre o que divulgamos, sobre quem seguimos e sobre quem deixamos ter acesso à nossa intimidade.

Alguns relacionamentos são inevitáveis, como os com familiares, chefes, amigos de trabalho ou filhos. Mas há algo que só você pode controlar: quem tem acesso real à sua vida íntima, emocional e espiritual. E, entre todos os relacionamentos, o mais importante é aquele com a pessoa que escolhemos para compartilhar a vida — o seu cônjuge.

Compartilhar a vida com alguém que decide crescer com você em todas as áreas é uma bênção. Um relacionamento baseado em sonhos compartilhados, apoio mútuo, perdão e reciprocidade torna a caminhada mais leve. Quando duas pessoas estão alinhadas em um único propósito e comprometidas em se tornarem melhores juntas, tudo se torna mais fácil — não por ausência de desafios, mas pela força do companheirismo verdadeiro.

> "Falarão do seu passado todas às vezes que o seu presente tiver os incomodando."
>
> — *Mateus Oliveiras*

O ambiente que molda nosso crescimento

Assim como um tubarão que se molda ao tamanho do ambiente em que está inserido, nós também crescemos ou nos limitamos de acordo com o meio em que vivemos. Um tubarão em um aquário pequeno nunca alcançará seu tamanho real, mas, no oceano, ele pode crescer plenamente. O mesmo vale para nós: se estamos cercados por pessoas que nos limitam, que não acreditam no nosso potencial ou que não compartilham de uma mentalidade de crescimento, ficamos estagnados.

Nosso ambiente relacional influencia diretamente nosso destino. É preciso observar com quem estamos caminhando. Algumas pessoas são como as estações do ano — vêm com propósito claro, trazem beleza, lições e experiências únicas, mas não duram para sempre. A vida segue em ciclos, e entender que algumas relações pertencem a uma "estação" específica nos ajuda a lidar melhor com os encerramentos. Não é ingratidão, é maturidade: saber quando é hora de seguir para a próxima fase.

Inclusive, muitas vezes, as pessoas que nos conheceram no passado têm dificuldade de aceitar quem nos tornamos. Jesus passou por isso. Quando voltou à sua cidade natal, além do fato de que ninguém ali foi escolhido como discípulo, ainda o viam como o "filho do carpinteiro" e não como o mestre e líder que Ele havia se tornado. E conosco não é diferente: há quem nos enxergue pela versão antiga que ficou para trás. Mas a melhor resposta à incredulidade dos outros são nossos resultados, nossas atitudes e nossa transformação contínua.

"Nem todos que cruzam seu caminho farão parte dele.
Tenha sabedoria para selecionar."

— *Thiago Brunet*

Crenças e heranças familiares: o impacto nas nossas escolhas

Existem comportamentos e crenças que herdamos sem questionar. Um exemplo clássico é a história da neta que cortava a cabeça e o rabo do peixe, deixando somente o corpo, porque aprendeu assim com a mãe. Quando finalmente resolveu questionar a avó, se surpreendeu com a resposta: "Só faço desta forma porque a panela é pequena."

Tradições sem sentido, repetidas sem qualquer reflexão.

Quantos de nós seguimos padrões familiares que já não fazem mais sentido? Crenças sobre dinheiro, sucesso, relacionamentos, carreira. Às vezes, repetimos o que nos foi passado sem parar para pensarmos se aquilo ainda serve. Para crescer, é preciso questionar. Não com rebeldia, mas com sabedoria. Algumas heranças emocionais precisam ser reconhecidas e curadas para que possamos viver com liberdade.

Se você está desbravando um território onde sua família nunca pisou — seja empreendendo, buscando um novo estilo de vida ou construindo um novo padrão emocional – é essencial buscar referências: mentores, líderes, autores, profissionais e igreja. A internet facilita esse acesso, mas o mais importante é não caminhar sozinho.

Esteja aberto a *feedbacks* de especialistas. Às vezes, uma palavra certa no momento certo pode mudar nossa rota.

O silêncio é a linguagem do sábio

É importante tomar cuidado com a maneira como lidamos e falamos com pessoas ao nosso redor. Imagine que você joga uma pedra no mar e ela afunda. Se você jogar um isopor, ele vai boiar. Mas o que acontece quando jogamos uma pessoa? A reação de cada pessoa é única, e o impacto que temos nas vidas delas pode ser profundo, para o bem ou para o mal. Cada ser humano carrega sua própria história, seus traumas, conquistas, inseguranças e forças. O que derruba um, pode não afetar outro. E o que parece inofensivo para você pode ser o gatilho de uma dor profunda no outro. Por isso, precisamos ser intencionais e cuidadosos nas nossas interações, sabendo que cada pessoa reage de maneira diferente aos nossos comportamentos e palavras.

"O silêncio é a linguagem do sábio." Em um mundo tão barulhento, às vezes a sabedoria está justamente em não dizer nada, escutar mais, refletir antes de reagir. Nem tudo precisa de resposta imediata, principalmente no calor do momento. Agir no impulso geralmente custa caro.

E quando o silêncio vem acompanhado de sabedoria, ele se torna um escudo: protege você, protege suas relações, protege o que está construindo. Sem contar que, quanto menos falamos da nossa vida para outras pessoas, mais evitamos problemas.

Seja em momentos de dificuldade ou em momentos de sucesso, devemos sempre buscar sabedoria. Isso vem de Deus, através da reflexão pessoal, das nossas experiências e de outras pessoas. Quando buscamos sabedoria, encontramos respostas para os desafios que enfrentamos.

"A única maneira de ganhar uma discussão é evitando-a."

— Dale Carnegie

Princípio da honra

Honrar os pais é honrar nossas raízes. Não é aceitar tudo sem questionar, mas reconhecer o valor da história que nos trouxe até aqui. Honrar também significa gratidão pelas pessoas que, em momentos decisivos, nos deram apoio, mesmo que tenha sido algo simples. A gratidão abre portas. Honrar nossa origem e aqueles que nos ajudaram é uma forma de nos mantermos humildes e conectados ao propósito.

Além disso, honrar a Deus, porque é d'Ele que vem toda sabedoria e transformação, e honrar aqueles que nos guiaram, não é apenas um gesto de respeito, mas também uma forma de abrir portas para um crescimento pessoal mais significativo.

"Quando Deus quer mudar sua vida, Ele te muda de mesa!"

Reflexão

No fim das contas, uma pergunta simples pode nos guiar: quem está ao seu redor? Essas pessoas impulsionam você ou o prendem no mesmo lugar? Estão te alimentando com fé, coragem e visão, ou com medo, dúvida e críticas?

Relacionamentos moldam destinos. Como dizem, somos a média das 5 pessoas com quem mais convivemos. O poder de mudar sua vida está nas suas mãos e nos seus relacionamentos. Escolha com sabedoria para quem vai entregar a chave que dá acesso a você, escolha com intencionalidade e caminhe com propósito.

Lembre-se: existem diferentes tipos de amigos na nossa vida. Tem o amigo folha, aquele que está presente enquanto tudo vai bem, mas, na primeira ventania, some. Tem o amigo galho, que até suporta o peso dos frutos por um tempo, mas, se você crescer demais ou os frutos forem muitos, ele se quebra e vai embora. E tem o amigo raiz, esse ninguém vê, ele não aparece, não busca reconhecimento, mas é quem sustenta você nos piores momentos. É ele quem permanece firme quando tudo à sua volta está desabando e, silenciosamente, te mantém em pé.

Henrique Rodrigues

@henriquerodriguesmentor

@henriquerodriguesmentor

@HenriqueRodriguesMentor

O QUE CUSTA MAIS CARO: O RISCO DE COMEÇAR OU O PREÇO DE CONTINUAR FRUSTRADO?

Sou Henrique Rodrigues, filho de um lavrador e de uma dona de casa, o sexto entre sete irmãos. Cresci em uma casa simples, com chão de barro e comida simples, mas onde o amor e a fé sempre foram fartura. Ainda criança, sonhava em dar à minha família uma vida melhor, mesmo sem saber por onde começar. Enfrentei vícios, dores que calejaram a alma e noites de solidão que quase me fizeram desistir. Mas Deus me deu uma nova chance. Ao lado de uma mulher incrível e dos meus três filhos, construí uma nova história. Parei de beber, rompi ciclos que pareciam eternos e aprendi que recomeçar exige coragem, não sorte. Hoje, sou prova viva de que não importa de onde você veio, e sim para onde está decidido a ir. Meu propósito é mostrar que é possível vencer sem pisar em ninguém. Dá para recomeçar do zero, com fé, dignidade e propósito, e ainda inspirar outros a fazerem o mesmo. Porque quando a dor vira força, ninguém segura um sonhador decidido.

Acesse o QR code ao lado:
conheça mais sobre o autor e escritor Henrique Rodrigues e seus projetos.

12

E SE DER CERTO? A VERDADE QUE A VIDA ME ENSINOU

Por Henrique Rodrigues

Meu nome é Henrique. Talvez você não me conheça, mas se você trabalha de carteira assinada, acorda cedo diariamente, enfrenta ônibus lotado, patrão difícil, salário do mês contado — então você conhece a minha história.

Porque eu já estive exatamente onde você está.

Nasci no interior do norte de Minas Gerais. Cresci numa casa simples, com sete irmãos e pais que me ensinaram mais com o exemplo do que com palavras. A vida me ensinou cedo o peso do trabalho. Mas havia algo dentro de mim que não se conformava com apenas sobreviver.

Lembro até hoje do meu primeiro sonho: andar de carro com meu pai. Um desejo simples para muitos, mas impossível para mim na infância. E foi essa falta, essa dorzinha escondida no peito, que virou o motor da minha vida. Porque quando você sente na pele o que é não ter, você cria uma força dentro de si que ninguém consegue segurar.

Com 22 anos, saí do sertão mineiro e fui para Campinas, interior de São Paulo, em busca de oportunidades. Cheguei cheio de esperança. Fui direto para uma entrevista de emprego que me prometeram, mas não passei nem da primeira fase. Voltei para o lugar onde estava hospedado e pensei: “O que eu estou fazendo aqui?”

Naquela noite, chorei calado. Mas no meio do choro, veio uma pergunta que mudaria tudo:

"E se der certo?"

Fiquei numa pensão simples. Saía todos os dias para entregar currículos. Depois de uma semana, consegui um emprego no comércio (CLT). A carteira assinada parecia um alívio, mas logo percebi que estava vivendo para pagar aluguel e me alimentar.

Nada sobrava. Nada crescia.

Eu via o tempo passando, minha juventude escorrendo, e me perguntei de novo: "É só isso que a vida tem para mim?"

E foi aí que tudo começou a mudar.

Notei que na rua onde morava não havia lanchonete. Tive uma ideia. Falei com o dono de um comércio, pedi espaço para vender espetinhos. Ele queria 200 reais por semana, mas eu não tinha. Pedi para começar e pagar depois.

No primeiro dia, vendi 50 espetinhos — lucrei 75 reais. Pode parecer pouco para muitos, mas foi o dinheiro mais valioso da minha vida. Porque ele veio da minha coragem. Do meu risco. Do meu esforço.

Trabalhei duro. Escondia o lucro em envelopes porque meu nome estava sujo. Juntei 17 mil reais. Comprei um carro. Realizei o sonho de visitar minha família dirigindo. Depois, vendi o carro fiado e montei minha primeira lanchonete.

Foram anos de trabalho. Cresci. O que era lanchonete virou restaurante. Faturávamos até 5 mil reais por dia. Eu estava realizado.

Mas, no dia 1º de janeiro de 2013, recebi uma ligação que rasgou meu coração: "Seu restaurante está pegando fogo."

Cheguei e vi tudo em chamas. Senti o chão sumir. Chorei. Gritei. Mas ali, no meio das cinzas, lembrei-me da promessa que fiz a mim mesmo, quando ainda era CLT: "Eu nunca mais vou depender da sorte. Eu vou construir meu próprio caminho."

Em 15 dias, com ajuda de amigos e clientes, o restaurante estava de pé de novo. E, mais do que nunca, eu sabia: quem tem coragem de recomeçar nunca está derrotado.

Aprendi que eu não podia depender de um único negócio. Comprei um trailer: *Mineiros Dogs*. Criei uma metodologia de trabalho com sócios operacionais. Hoje sou sócio de sete lojas e tenho uma empresa digital.

Mas o que me realiza de verdade não é o que tenho.

É o que vivo.

É o tempo que tenho com minha esposa e meus filhos.

É a liberdade de escolher. De não pedir autorização para viver.

E é por isso que falo com você, que ainda está no CLT: você não precisa pedir demissão amanhã; mas precisa começar alguma coisa hoje.

Você tem uma ideia? Um talento escondido? Um sonho antigo?

Comece pequeno. Comece vendendo à noite, no fim de semana, para um cliente só — mas comece.

Ninguém vai te dar permissão para ser livre. A liberdade é uma escolha.

Ela assusta. Não vem com manual. Vem com frio na barriga.

Mas deixa eu te perguntar: você prefere o medo de tentar ou o arrependimento de nunca ter tentado?

Tem gente que vive 30 anos com medo de sair do emprego, mas vive reclamando da falta de tempo, da grana curta, do sonho adiado.

O que custa mais caro: o risco de começar ou o preço de continuar frustrado?

Eu deixo aqui os cinco códigos que mudaram minha vida:

1. **Sonhe grande:** mesmo que hoje sua realidade seja pequena.
2. **Seja persistente:** vai doer, mas passa.
3. **Tenha coragem:** o medo só cala quem deixa de agir.

4. **Dedique-se com alma:** até seu negócio andar sozinho, é você por ele.
5. **Cerque-se de gente boa:** sozinho é mais difícil; junto, tudo flui.

Hoje, eu não vendo só espetinhos, lanches ou consultoria.

Hoje, eu vendo esperança.

Porque sou a prova viva de que dá para sair do CLT e construir um futuro de verdade.

E se a minha história tocar seu coração, então eu te peço: não deixe essa emoção passar. Faça dela uma decisão.

Porque, no fim das contas, a vida não recompensa quem espera — ela premia quem age.

E se der certo?

Ah, meu amigo, se der certo, você nunca mais vai querer voltar!

Israel Junior

@israeljunior_oficiall

@vivendoteologiaoficiall

> **É MELHOR SER CRITICADO POR FAZER O QUE É CERTO DO QUE APLAUDIDO POR VIVER DE APARÊNCIA. A CRÍTICA INJUSTA É MEDALHA PARA QUEM CAMINHA NA VERDADE.**

Sou mentor de quem não aceita a mediocridade. Teólogo, treinador físico e comportamental, ativador de alta performance — e autor de *Quem é o Gigante da História.* Cristão, esposo e pai dedicado, vivo para provocar, despertar e transformar.

Minha missão é clara: ativar vidas através do Evangelho, eliminando qualquer espaço para uma existência morna, escassa e sem propósito.

Acesse o QR code ao lado:
conheça mais sobre o autor e escritor Israel Junior e seus projetos.

13 LIDANDO COM OS CRÍTICOS: A FORJA DOS INABALÁVEIS

Por Israel Junior

Não existem críticas construtivas, pois toda crítica é uma tentativa de desanimar, estagnar ou vomitar frustrações.

Vivemos em uma geração fragilizada, que se curva diante da aprovação humana, em vez de render verdadeira adoração ao Deus Eterno e reconhecer, com gratidão, o propósito divino que lhe foi confiado. Muitos covardes transformaram as redes sociais em palcos para despejar seus achismos, carregados de inveja, frustração e amargura.

Todos parecem ter algo a dizer sobre sua vida, seus passos e suas escolhas, mas poucos têm a ousadia de viver o próprio chamado, com firmeza e convicção. Enquanto você avança com esforço e fé, sempre haverá espectadores na arquibancada, tentando minimizar suas conquistas. E o mais intrigante, geralmente, os que mais criticam são, justamente, aqueles que jamais tiveram coragem de tentar.

A psicologia comprova o que a Bíblia já nos revela: o ser humano, em sua natureza caída, tende a ter mais facilidade em chorar com os que choram do que em se alegrar com os que se alegram. E a Escritura nos exorta, claramente: *"Alegrai-vos com os que se alegram; e chorai com os que choram"* (Romanos 12:15).

A mentira da "crítica construtiva"

"Posso fazer uma crítica? Mas é construtiva..."

Talvez essa seja uma das maiores armadilhas linguísticas da nossa geração. Uma frase aparentemente inofensiva, até bem-intencionada em sua estética, mas carregada de veneno sutil. É preciso dizer com clareza: essa ideia de crítica construtiva, muitas vezes, é apenas um disfarce para frustrações pessoais, invejas não tratadas e sentimentos mal resolvidos. Se há algo que o diabo soube maquiar com elegância, foi essa frase.

A crítica, ainda que envolta em palavras suaves, raramente tem como objetivo edificar. Na prática, ela paralisa, desanima e corrói o ânimo daqueles que estão tentando construir algo com coragem e fé. Ela se disfarça de conselho, mas, no fundo, é o eco do medo e da insegurança de quem nunca teve coragem de sair do lugar. Não é à toa que os maiores críticos costumam ser os maiores espectadores da vida alheia.

Quem já se posicionou para viver seu propósito, debaixo do chamado de Deus, sabe: o caminho da obediência atrai oposição. Quem constrói com as mãos sujas de barro e o coração cheio de fé, inevitavelmente será alvo daqueles que preferem observar da arquibancada, lançando pedras revestidas de "boas intenções". Mas, cuidado: até o diabo sabe usar boas palavras quando quer destruir.

A Bíblia não nos orienta a sermos alimentados por críticas, mas a sermos fortalecidos pela Palavra, moldados pelo Espírito e encorajados por conselhos sábios. Crítica não forma caráter; a instrução, sim. E é nas instruções que os inabaláveis são formados.

Instrução: a linguagem dos que constroem

Se a crítica é o idioma dos frustrados, a instrução é a linguagem dos que constroem.

É fundamental não confundirmos essas duas realidades. Crítica e instrução não são sinônimos — pelo contrário, são opostos em sua essência. Enquanto a crítica paralisa, a instrução impulsiona. Enquanto a crítica desgasta, a instrução edifica. A crítica vem carregada de condenação e amargura; a instrução, por outro lado, vem acompanhada de amor, experiência e responsabilidade.

A instrução nasce do coração daquele que já esteve no campo de batalha e sabe o que é sangrar. É uma palavra que carrega propósito, não vaidade; que visa contribuir, não humilhar. Instruir é um ato de generosidade. Quem instrui compartilha o que aprendeu para ajudar o outro a subir um degrau a mais, a evitar um erro, a conquistar com mais sabedoria.

A crítica apenas aponta o erro. A instrução mostra o caminho.

A Palavra de Deus valoriza a instrução. Provérbios está repleto de exortações a respeito da importância de receber conselhos sábios:

> *"O caminho para a vida é daquele que guarda a instrução,*
> *mas o que rejeita a repreensão erra."*
>
> *— Provérbios 10:17*

Note que a Bíblia fala de "guardar a instrução", não de colecionar críticas.

Muitos, infelizmente, rejeitam a instrução porque já foram feridos por críticas. Feridas abertas criam escudos emocionais, e esses escudos impedem que palavras saudáveis penetrem. É preciso cura, para distinguir o que vem para destruir e o que vem para edificar.

Quer crescer? Aprenda a ouvir os instrutores, não os críticos. Os primeiros querem te ver no pódio; os segundos, querem que você desista antes da linha de chegada — ou, melhor dizendo, não querem nem que você dê a largada.

Lidando com os críticos: o exemplo de Davi, Moisés e Jesus

Quem deseja viver um propósito eterno precisa aprender a lidar com vozes contrárias — e elas, quase sempre, surgem quando estamos a um passo da obediência. A crítica, na maioria das vezes, não vem do inimigo declarado, mas daqueles mais próximos, mais legalistas ou mais inseguros consigo mesmos. A Bíblia está cheia de exemplos de homens que ouviram críticas duras, mas se mantiveram inabaláveis, porque sabiam quem os havia chamado.

Davi e Eliabe: o irmão ressentido

Antes de enfrentar Golias, Davi teve que enfrentar uma crítica vinda de casa.

Seu irmão Eliabe, ao vê-lo no campo de batalha, não o encorajou; ao invés disso, o acusou de arrogância.

"Por que desceste aqui? E com quem deixaste aquelas poucas ovelhas no deserto? Bem, conheço a tua presunção e a maldade do teu coração; desceste apenas para ver a batalha" (1 Samuel 17:28).

Eliabe não via o coração de servo que Deus via. Sua fala não era uma instrução — era puro desprezo e calúnia. Davi poderia ter entrado em discussão, poderia ter se ferido e desistido. Mas sua resposta foi simples:

"Que fiz eu agora? Por acaso, não há razão para isso?" (1 Samuel 17:29).

E, em seguida, virou-se para outro e seguiu seu foco.

Davi não alimentou a crítica. Ele simplesmente a ignorou e continuou sua missão. Essa é a postura dos que sabem que foram ungidos com um propósito: eles não se desviam por vozes vazias.

Moisés e o povo murmurador: a ingratidão disfarçada de opinião

Moisés, ao liderar o povo para fora do Egito, enfrentou críticas constantes. A cada dificuldade, havia murmuração. O povo dizia preferir a escravidão ao invés da liberdade:

"Antes tivéssemos morrido na terra do Egito... Por que nos trouxeste a este deserto para morrermos?" (Êxodo 16:3).

As críticas vinham não apenas com ingratidão, mas com distorção da realidade. Moisés não se rendeu a elas.

Em vez disso, levava suas queixas ao Senhor, não aos homens. Ele compreendeu que quem anda com Deus precisa desenvolver a resistência emocional de suportar as reclamações daqueles que têm medo de andar pela fé.

Jesus e os fariseus: a crítica religiosa

Não importa o que você faça, sempre haverá alguém pronto para criticar. O crítico, geralmente, não se move pela verdade, mas pelo incômodo de ver o outro em destaque. Até mesmo Jesus, o Filho de Deus, foi alvo constante de críticas. Quando jejuava, diziam que estava endemoninhado; quando comia, o chamavam de comilão; quando bebia, diziam que era um beberrão. Ou seja: não importava a ação — o problema era a sua existência e influência.

A crítica é uma forma de ataque. Pessoas assim não querem o seu crescimento, querem sua estagnação. Elas não suportam ver alguém romper limites que elas mesmas não têm coragem de enfrentar. O sucesso alheio denuncia a mediocridade de quem só aponta o dedo.

O crítico obstinado sempre encontrará um motivo para menosprezar: se você se cala, é omisso. Se fala, é arrogante. Se é firme, é duro demais. Se é gentil, é frouxo.

Vivemos tempos em que ser autêntico incomoda mais do que ser medíocre.

Mas é melhor ser criticado por fazer o que é certo do que aplaudido por viver de aparência. A crítica injusta é medalha para quem caminha na verdade. Não se cale por medo de ser mal interpretado.

Nenhum líder foi mais criticado do que Jesus. Acusado de blasfêmia, de quebrar o sábado, de andar com pecadores, de expulsar demônios por Beelzebu... A crítica religiosa foi uma constante em seu ministério. Mas Jesus não buscava agradar fariseus — Ele buscava cumprir a vontade do Pai.

"Ai de vós, escribas e fariseus, hipócritas! Pois que limpais o exterior do copo e do prato, mas por dentro estais cheios de rapina e intemperança" (Mateus 23:25).

Jesus não apenas suportou a crítica — Ele a enfrentou com autoridade e verdade. Ele sabia que muitas críticas eram tentativas de paralisar sua missão, de desviar sua mensagem, de silenciar sua autoridade. Mas Ele não veio para agradar aos críticos — veio para cumprir um propósito eterno.

Se até Jesus foi criticado, quem somos nós para tentar escapar disso?

Davi não parou diante de Eliabe. Moisés não recuou diante da murmuração. Jesus não se calou diante dos opositores. Você, que carrega um propósito, também não deve ceder ao barulho dos críticos. A crítica é à trilha sonora dos que estão avançando. Ouça o céu e prossiga.

Os frutos são a melhor resposta aos críticos

Vivemos em dias em que os lábios são rápidos para condenar, mas os corações são lentos para discernir. Em tempos como este, o servo de Deus precisa aprender a responder aos críticos da forma mais poderosa e incontestável que existe: com frutos.

A crítica busca atenção, mas o fruto revela consistência. A crítica nasce da inveja, do medo ou da frustração alheia, enquanto o fruto nasce da fidelidade, da constância e da obediência ao propósito de Deus.

"Pelos seus frutos, os conhecereis. Porventura colhem-se uvas dos espinheiros, ou figos dos abrolhos? Assim, toda árvore boa produz bons frutos, e toda árvore má produz frutos maus" (Mateus 7:16-17).

Jesus não disse que os Seus seriam conhecidos pelas palavras bonitas, pelo número de seguidores ou pelo aplauso das multidões, mas pelos frutos. Fruto é algo que não se discute: é visto, tocado, provado. Ele é a evidência silenciosa da presença de Deus operando através de alguém.

Davi não perdeu tempo tentando explicar a Eliabe por que estava ali. Ele venceu Golias e calou a crítica com vitória, mostrando que o verdadeiro gigante era o Deus de Israel.

Moisés não respondeu ao povo murmurador com ofensas. Ele levantou o cajado, e o mar se abriu.

Jesus não gastou seus dias buscando validação dos seus opositores. Ele curava, libertava, ressuscitava e, no terceiro dia, o fruto supremo da redenção selou sua autoridade com a ressurreição.

O fruto não apenas responde: ele desarma, expõe, humilha e silencia o crítico. Porque a língua do crítico é temporal, mas o fruto do justo é eterno.

"Tendo uma boa consciência, para que naquilo em que falam mal de vós, como de malfeitores, fiquem confundidos os que difamam o vosso bom procedimento em Cristo" (1 Pedro 3:16).

Essa é a postura dos inabaláveis: não batem boca, não mendigam aprovação, não tentam mudar a opinião de quem já decidiu odiar. Eles permanecem firmes, plantados como árvores junto a ribeiros de águas, e, no tempo certo, dão fruto — e esse fruto cala o inferno.

O tempo e a verdade andam juntos. Aquilo que é de Deus amadurece e permanece; aquilo que é da carne se corrompe e desaparece. O crítico precisa falar alto, pois não tem resultado. O fiel, por sua vez, fala com a eficácia da obra de Deus em sua vida.

Não queira convencer quem decidiu não ouvir. Prefira plantar, colher, usufruir e transbordar. Porque os frutos carregam uma unção que palavras jamais alcançarão. São o testemunho visível do céu agindo na terra.

E, quando os frutos aparecerem — e eles vão aparecer — todos verão que quem planta em obediência colhe em glória.

Ter olhos de águia é enxergar além das críticas, além das vozes que tentam nos paralisar, é perceber propósito onde outros veem apenas oposição. Os inabaláveis são forjados no atrito das palavras duras, no silêncio dos que duvidam e na fúria dos que não compreendem seus sonhos.

Não se trata de ignorar as críticas, mas de enfrentá-las com sabedoria e propósito, permanecendo firme. Como Davi diante de seus irmãos e de Golias; como José diante da inveja de seus próprios irmãos; como Moisés diante das constantes queixas do povo; e, sobretudo, como o próprio Jesus diante de seus opositores. Os grandes não se curvam ao ruído. Eles ouvem, acima de tudo, a voz de Deus.

A verdadeira autenticidade consiste em manter-se firme quando tudo ao redor diz para desistir. Não há glória sem batalha. Quem vence a crítica vence a si mesmo, e quem vence a si mesmo está pronto para liderar.

LARISSA LIMA

@larilimatransforma

@larissalimamentora

airgo.bio/larilimatransforma

ACREDITO QUE A COMUNICAÇÃO É A CHAVE PARA O SUCESSO E QUE, AO COMPARTILHARMOS NOSSA HISTÓRIA COM CORAGEM, PODEMOS TRANSFORMAR VIDAS.

Sou Larissa Lima, uma mulher movida por propósito e transformação. Aos 17 anos, saí de casa em busca de liberdade. Conquistei independência financeira, empreendi, alcancei grandes resultados, mas a dor de perder minha mãe aos 25 anos mudou tudo. Decidi que sucesso não era só sobre ganhar dinheiro, mas sobre estar presente.

Recomecei. Trabalhei com vendas, formei líderes, treinei mais de 2.500 pessoas, superei um acidente e ajudei a fundar uma nova empresa. Descobri na comunicação minha missão: ajudar empreendedores a se posicionarem com clareza, autenticidade e estratégia. Hoje, como mentora de comunicação, ajudo pessoas a transformar suas histórias em conexões reais que geram resultados.

Acesse o QR code ao lado:
conheça mais sobre a autora e escritora Larissa Lima e seus projetos.

14

O VOO MAIS ALTO VEM DEPOIS DA QUEDA MAIS DIFÍCIL

Por Larissa Lima

O início da jornada: busca por liberdade

Com 17 anos, decidi sair de casa. O que me movia, naquela época, era o desejo de ser livre — de conquistar minha independência, fazer minhas próprias escolhas e construir meu próprio caminho.

Em busca desse sonho, comecei a trabalhar como modelo. Com o tempo, lancei minha própria empresa e atingi a tão sonhada liberdade financeira. Apesar de estar constantemente focada no trabalho e sem tempo para mim mesma, eu estava vivendo o que achava ser o meu "sucesso": agenda cheia, eventos, oportunidades. Trabalhei muito, mas também sempre ganhei dinheiro.

Foi nesse auge da minha carreira que a vida me surpreendeu com uma notícia devastadora: minha mãe adoeceu. A doença que a acometeu era rara, grave e, infelizmente, irreversível. Durante dois meses, ela foi se deteriorando, e eu, absorvida pelo trabalho, não percebi a gravidade da situação.

Quando menos esperava, minha mãe faleceu. Ela tinha apenas 54 anos: uma mulher jovem, cheia de vida e energia. Nunca imaginei que, aos 25 anos, enfrentaria a dor de perder a minha mãe. A perda me fez olhar para minha vida e perceber que, muitas vezes, passamos por desafios sem estarmos realmente preparados. E, como em todos os momentos de crise, eu me vi diante de duas escolhas: reclamar da vida ou encontrar forças para seguir em frente e construir algo novo.

A escolha que mudou tudo: um novo propósito

Quatro dias depois do falecimento de minha mãe, fui forçada a voltar ao trabalho. Embora estivesse devastada, sabia que precisava seguir em frente. E foi nesse momento que percebi algo profundo dentro de mim: não queria mais viver para o trabalho. Eu precisava de tempo: tempo para mim, para minha família, para aproveitar a vida e estar com as pessoas que eu amava. Nesse período, um novo capítulo se iniciou em minha vida. Minha sobrinha, Helena, nasceu e, desde então, considero Helena a maior bênção que a vida me deu. Ela foi a luz que iluminou o meu caminho, me fazendo entender que não bastava ser bem-sucedida financeiramente, eu precisava estar presente. Mais do que nunca, eu queria estar ao lado dela e da minha família, vivendo momentos significativos.

Com essa nova perspectiva, comecei a mudar minha visão sobre o trabalho e minha forma de atuar no mercado. Em paralelo aos eventos que continuava fazendo, conheci a oportunidade de representar uma marca de saúde e vender produtos inovadores no Brasil. A princípio, abracei a ideia, mas não me dediquei totalmente.

Eu estava ainda muito imersa no mundo dos eventos.

Foi então que mais uma situação me trouxe a uma encruzilhada: fui assediada pelo dono de uma loja em que trabalhava. Uma situação difícil, que tocou profundamente minha vida e minha percepção sobre o mundo dos negócios. No entanto, essa foi mais uma oportunidade de transformação. Eu poderia ter me acomodado e aceitado o que estava acontecendo, mas escolhi não fazer isso. Escolhi recomeçar, dar a volta por cima e abraçar a oportunidade de mudança.

O renascimento profissional: superando obstáculos e alcançando grandes resultados

Essa escolha de mudança foi a chave para a minha transformação. Ao focar plenamente na nova empresa de saúde, consegui me destacar, formar equipe, fazer vendas e impactar centenas de famílias. Em 3 anos, atingi um faturamento de mais de 180 mil reais e fui reconhecida como uma líder de vendas de grande destaque. Dei treinamentos para mais de 2.500 pessoas, orientando-as sobre como transformar suas vidas e alcançar seus objetivos. Essa experiência me provou que o trabalho pode não apenas mudar a nossa vida, mas também a vida de muitas outras pessoas.

Mas, como sabemos, a vida é imprevisível, e os desafios continuam a surgir. Em dezembro de 2022, sofri um acidente sério: passei 35 dias sem conseguir me mover. O impacto foi grande, mas, ao mesmo tempo, eu percebi que o meu trabalho, o negócio que construí, me deu a liberdade e a segurança necessárias para continuar. Mesmo fisicamente limitada, eu estava financeiramente livre, pois meu trabalho era digital, *home office*. E assim, consegui continuar trabalhando, aprendendo e evoluindo.

E foi justamente depois desse acidente que o rumo da minha carreira tomou uma nova direção. A empresa na qual eu trabalhava decidiu deixar o Brasil, mas, em vez de me desesperar, eu vi essa mudança como mais uma oportunidade. Me juntei aos diretores que estavam na mesma jornada e fundamos uma nova empresa: a *Hive*, uma marca de suplementos, sócia da *XP Investimentos*, com grande potencial de crescimento e com uma missão muito clara — impactar a vida das pessoas positivamente.

Transformando vidas: um novo propósito.

Foi dentro dessa jornada que percebi algo muito valioso: o verdadeiro sucesso não está apenas no dinheiro, mas na forma como conseguimos transbordar o nosso conhecimento e ajudar os outros.

Como resultado dessa reflexão, comecei a organizar grupos de *networking*, onde percebi a enorme dificuldade que muitas mulheres e empreendedores enfrentam para se comunicar com clareza, posicionamento e confiança.

Foi então que, unindo minha experiência e formação em oratória, decidi que meu novo propósito seria ajudar empresários e empreendedores a se comunicarem de forma eficaz: ajudá-los a construir um conteúdo digital com estratégia, sem complicação, com a intenção de atrair pessoas e gerar vendas. Não se trata apenas de falar, mas de transmitir algo verdadeiro, algo com propósito.

Hoje, com 34 anos, tenho a honra de ser mentora de comunicação e de ajudar as pessoas a encontrarem suas próprias vozes. Acredito que a comunicação é a chave para o sucesso e que, ao compartilharmos nossa história com coragem, podemos transformar vidas.

> *Entendi que meu maior voo começou quando parei de fugir das minhas quedas, e decidi transformar a minha história em asas para levantar outras pessoas.*
>
> *A comunicação transforma vidas. E a sua pode ser a próxima.*

LAURA ALMEIDA

@lauraelisafreitasalmeida

> **DEUS OUVE AS NOSSAS ORAÇÕES E ESTÁ SEMPRE AO NOSSO LADO. A MELHOR SENSAÇÃO QUE EXISTE É SENTIR A PRESENÇA DE DEUS.**

Eu sou Laura Almeida, tenho 43 anos, sou a filha do meio entre dois irmãos, formada em Ciências Contábeis, tenho dois filhos amados que são herança do Senhor, casada com um Super Marido, e acima de tudo, uma mulher sustentada pela fé.

Gostaria muito de agradecer ao meu marido, meus filhos e meu pai pelo apoio, carinho, paciência e por acreditarem em mim e em meus sonhos — como eu amo minha família, são presentes de Deus em minha vida.

Carrego comigo três grandes dores que marcaram profundamente minha vida e que, ao longo dessa jornada, enfrentei momentos que pareciam impossíveis de suportar, mas neles todos encontrei amparo no amor e no cuidado de Deus. Este testemunho é a prova viva de que a fé é capaz de curar, sustentar e transformar nossa dor em missão. Amo a seguinte frase, do louvor "Deus é Deus": *"Se Deus fizer, Ele é Deus, e se não fizer, Ele continua sendo Deus."*

Acesse o QR code ao lado:
conheça mais sobre a autora e escritora Laura Almeida e seus projetos.

15

FÉ INABALÁVEL

Por Laura Almeida

A primeira grande dor: meu avô José

Desde pequena, fui criada em um lar cristão, onde minha mãe e meus avós maternos foram grandes referências espirituais – cumprindo o que está escrito em *Provérbios 22:6: "Ensina a criança no caminho em que deve andar, e ainda quando for velho, não se desviará dele."* Lembro com carinho da Igreja Batista de Barão Geraldo, onde nossa família congregava e onde vivenciei momentos que moldaram minha fé desde cedo. Meu avô, José, era um homem de Deus, amoroso, acolhedor e nosso porto seguro. Seu lar era um refúgio de paz, afeto e comunhão. Quando saímos da escola, era: "partiu casa dos avós!" para passar momentos incríveis.

Já com mais idade, ele decidiu realizar um sonho antigo: fazer faculdade de Teologia. Estava entusiasmado, estudando com dedicação e vivendo uma nova fase de realização pessoal e espiritual. No entanto, no meio do curso, começou a passar mal e foi diagnosticado com câncer em estágio avançado. Eu tinha apenas 12 anos e lembro do desespero da família: o meu mundo desabou. Sentimentos inexplicáveis surgiram; eu estava com minha mãe e minha avó, que estavam visivelmente abaladas, deixando-me ainda mais angustiada. Mesmo com o diagnóstico, ele seguiu em frente, fazendo o tratamento e mantendo os estudos.

Sua fé nunca esmoreceu. Era emocionante ver aquele homem debilitado fisicamente, mas espiritualmente fortalecido. Mesmo após nova internação e o diagnóstico de metástase, ele persistiu nos estudos com o apoio das filhas, incluindo minha mãe, que o auxiliavam nos trabalhos acadêmicos. Em janeiro de 1994, na semana da sua formatura, ele precisou ser internado novamente, pois estava muito debilitado; para a grande surpresa e obra de Deus, o pessoal da Faculdade de Teologia foi fazer a entrega do diploma dele no hospital: foi lindo e muito emocionante. Meu avô agradecia a Deus a todo momento por estar permitindo viver aquela realização do seu sonho que ele tanto esperou. Alguns dias depois, ele faleceu aos 58 anos, deixando em mim a marca de um verdadeiro guerreiro da fé.

A segunda grande dor: minha mãe, minha heroína

Minha mãe, Zelita, uma mulher extraordinária que não media esforços para cuidar e ajudar quem precisasse — um coração que não cabia no peito. Mesmo com a rotina intensa, era presente em nossas vidas, incentivando-nos, acolhendo-nos e ensinando valores sólidos na fé em Deus. Sempre me dizia: *"Filha, você é um milagre"*, pois desde bebê enfrentei problemas de saúde e sobrevivi com a graça de Deus. Ela era uma mulher de oração, de conselhos firmes e palavras doces. Nos ensinou a nunca dormir sem antes se despedir e dizer que amava.

Em 2004, aos 46 anos, após exames de rotina, a ginecologista encaminhou minha mãe imediatamente para o mastologista Dr. José Tadeu Vicelli. E a triste notícia veio: minha mãe, guerreira linda, foi diagnosticada com câncer de mama estágio IV. Naquele momento, eu senti como se o mundo caísse sobre a minha cabeça. Ouvir do médico que a minha mãe, minha melhor amiga e confidente fiel, estava doente e no estágio avançado da doença, acabou comigo. Tive uma mistura de sentimentos que não tem explicação. Eu não conseguia ver nenhuma saída, fiquei desesperada, abalada, angustiada: mas não podia deixar transparecer, pois a minha mãe precisava de muita ajuda naquele triste momento. Confesso que foi um dos piores dias da minha vida.

O impacto foi devastador. Aquela mulher forte, nossa base, estava doente e em risco. Fui com ela em muitas consultas, apoiei cada passo e me coloquei ao lado dela como pilar de força. A primeira frase que falei para a minha mãe naquele momento foi: *"Você tem dois caminhos a seguir, um é se entregar e desistir de tudo e o outro seria lutar com todas as forças e fé, pois estarei ao seu lado a todo momento, cuidando e apoiando em tudo"*, disse a ela que tinha muita fé em Deus, que passaríamos este momento difícil juntinhas e que Deus está sempre no controle de tudo; no mesmo momento, ela respondeu: *"Filha, eu vou lutar com todas as minhas forças."*

Os dias seguintes foram de dor — mas também de aprendizado. Acompanhei-a em cada fase do tratamento, sessões de quimioterapia, os efeitos colaterais, a queda dos cabelos, os enjoos. Cuidava dela com muito carinho: dava banho, auxiliava nas necessidades mais íntimas. Quando os cabelos começaram a cair, ela, com coragem, foi raspar a cabeça sozinha. Voltou para casa e pediu que fechássemos os olhos. Quando abrimos, estava de lenço, sorrindo — rimos juntos e fortalecemos nossa fé.

Em 2006, um ano após esse ciclo, veio mais uma notícia que abalou nossa família: a metástase no fígado. Mais tratamento, mais sofrimento. Decidimos nos mudar para a casa da minha avó para que eu e as tias pudéssemos cuidar dela por turnos. Foi exaustivo, mas também um privilégio. Cuidar de quem nos deu a vida é um dos maiores atos de amor. Lembro de noites em claro, orando, pedindo forças a Deus.

No dia 9 de julho de 2006, assim que cheguei do trabalho, minha mãe pediu para eu descer até a nossa casa para buscar alguns documentos e levar para ela, pois precisava explicar algumas coisas para mim. Falou para abrir o guarda-roupa dela e separar os sapatos e algumas roupas que ela queria dar para mim, para minhas tias e para a minha avó. Separei tudo e levei para ela.

Chegando no quarto, começou a me orientar, explicar, escolheu detalhes do meu casamento, incluindo o vestido. Pediu para que, no dia, eu ficasse muito forte, pois ela estaria ao meu lado. Ela transmitiu várias informações, como se estivesse pressentindo sua partida iminente.

No dia 11 de julho de 2006, por volta das 23 horas, fiz minhas orações. Nesta noite, minha mãe já estava dormindo. Coloquei as minhas mãos sobre ela e clamei a Deus de todo o meu coração: *"Deus, entrego a vida da minha mãe em tuas mãos. Que seja feita a tua vontade. Independente da sua resposta, eu vou entender que foi o melhor que o Senhor fez por ela!"* Confesso que nunca havia feito esta oração antes. Logo depois, caí no sono. Consegui dormir a noite toda com a graça de Deus.

Acordei, me despedi dela antes de ir trabalhar e ela me disse: *"Vai tranquila, estou bem!"* Momentos depois, recebi o telefonema avisando que ela estava passando mal. Voltei no mesmo momento. Chegando no quarto da minha mãe, vi que ela estava com muita falta de ar, dificultando a fala. Falei que ia chamar a ambulância e ela pediu para esperar, pois precisava conversar comigo.

Ela pediu para eu fechar a porta e começou a dizer: *"Filha, hoje eu vou embora, chegou o meu dia de morar com Deus. Quero dizer que te amo demais. Você e seus irmãos foram os melhores presentes que Deus me deu, jamais se esqueçam disso. Quero te pedir para cuidar da avó, pois eu sei que um dia você terá os seus filhos e assim entenderá o que eu estou te dizendo. Você vai ficar triste e com saudades de mim, mas a sua avó, que é mãe, vai sofrer demais, pois a dor de perder um filho é enorme. Cuide dos seus irmãos e do seu Pai, saiba que a mãe está bem, estou muito tranquila e sempre que a saudade bater, olhe para o céu e veja a estrela mais brilhante, esta serei eu olhando por vocês."* — após a nossa conversa, ela pediu para chamar a minha avó para conversar e, terminando a conversa, disse que eu poderia chamar a ambulância.

Ao chegar no hospital, vi minha mãe na maca, sendo levada direto para a UTI. Eu estava chorando muito e, de repente, ouço a voz da minha mãe me chamando de longe: *"Prin* (como ela me chamava, abreviação de princesa)*, fique bem, a mãe está muito bem e feliz. Acalme o seu coração, por favor. Fique bem, meu amor."*

Ali, eu senti que foi uma despedida, caí no choro, eu não tinha mais lágrimas: a dor e o aperto eram grandes demais. Aguardamos até a visita das 15h30. Quando me chamaram para entrar na UTI com meu irmão caçula, Renato, minha mãe estava sedada. Perguntei a ela se sabia quem estava lá; ela balançou a cabeça dizendo que sim e apertou a minha mão e a do meu irmão. Neste momento, o meu irmão Renato começou a passar mal. Chamei as enfermeiras, que o ajudaram e o levaram para a sala de espera. Continuei com ela. Em seguida, minha tia entrou e ficamos nós duas.

Mesmo sabendo que ela estava sedada, conversei muito com ela, beijei, abracei, disse que a amava muito. Ela apertou forte a minha mão e a da minha tia. E, de repente, ouvimos um barulho muito alto dos aparelhos. Minha mãe parou de se mexer. Achei que ela estivesse dormindo. Ela segurava tão forte a minha mão que precisei ir soltando os dedinhos dela um por um.

As enfermeiras logo pediram para aguardarmos na sala de espera. Após alguns minutos de muita tensão e angústia, ouço a voz do médico perguntando, em um tom de voz assustador: *"Por favor, acompanhante da Sr.ª Zelita."* Naquele momento, o meu coração disparou, parecia sair pela minha boca. Perdi o chão, meu corpo começou a tremer inteirinho. Fiquei desesperada, pois sentia que algo de muito ruim havia acontecido. Eu sentia uma angústia muito grande em meu peito.

O médico chegou e disse: *"Sr.ª Zelita acabou de vir a óbito."* Naquele momento, estávamos revivendo o acontecimento de doze anos e meio atrás, com a perda de meu avô, e eu fiquei totalmente em estado de choque. Ouvir que a minha amada mãe, guerreira linda, havia falecido — eu não queria acreditar. Eu pensava: tudo isso é um pesadelo e daqui a pouco eu vou acordar, e tudo estará bem. Mas não foi assim. Ela faleceu segurando as minhas mãos e, com a graça de Deus, ela me esperou para se despedir.

Quando olho para a escada, vejo o meu irmão mais velho chegando. Imagine a tristeza dele, minutos depois que a mãe havia falecido — sem se despedir. Foi muito, mas muito triste. Meu irmão desabou. Ele não se conformava de não ter se despedido da nossa amada mãe. Disse a ele: *"Estaremos sempre unidos, um apoiando o outro, como a nossa mãe sempre nos ensinou. Deus está sempre no controle e tenho certeza de que Ele irá continuar sempre ao nosso lado, confortando os nossos corações."*

Os dias seguintes foram de enorme tristeza. Tivemos o apoio de toda a família, mas eu, com 24 anos, e meu irmão Renato, com 20 anos, queríamos um lugar somente para nós e voltamos para nossa casa, onde tivemos que nos adaptar à nova realidade. Sempre falo que Deus coloca anjos ao nosso lado, principalmente nos momentos mais difíceis. Como sou grata a Deus pela vida do meu marido, na época era meu noivo e, após onze meses, estávamos eu e meu marido nos casando com a benção de Deus e do jeitinho que eu e minha mãe imaginamos.

Quantas vezes no meu quarto eu ajoelhava e clamava a Deus de todo o meu coração para me ajudar, pois não tinha forças e nem ânimo para levantar da cama. *"Meu Deus, por favor, estenda as tuas abençoadas mãos sobre mim, por favor, me carregue no colo, pois estou totalmente sem força, me sentindo destruída."*

Acreditem, Deus ouve as nossas orações e está sempre ao nosso lado. A melhor sensação que existe é sentir a presença de Deus. Eu sempre lembro da fala da minha amada mãe: *"Deus jamais abandona os que nele confiam!"*

A terceira grande dor: meu irmão, meu amigo

Meu irmão mais velho sempre foi meu amigo, parceiro e companheiro de risos, e os nossos encontros eram regados de muita alegria.

Em março de 2018, ele sentiu dores no abdômen e, após exames e uma cirurgia extensa de 5 horas, o médico me chamou e disse: *"Laura, seu irmão está com câncer 'velho', faz mais ou menos 8 anos que ele está doente. Está super avançado, já tem metástase. Seu irmão tem, aproximadamente, 6 meses de vida."*

Na hora, discordei do médico e disse a ele que *"somente Deus sabe o tempo de nossas vidas"*, o médico disse que precisou fotografar, pois tinha 25 anos de profissão e nunca tinha visto um tumor daquele tamanho. Ele pegou o celular e foi mostrar as fotos, o tumor tinha aproximadamente 10 kg. Me desesperei. Era como reviver o que já havíamos passado com meu avô e minha mãe.

Iríamos dar a notícia para ele no outro dia, não consegui dormir a noite toda, chorando, orando e clamando a Deus para me dar forças, sabedoria e direção. Às 8 da manhã, estávamos no quarto do meu irmão, e ele perguntou: *"E aí, Gordinha (forma carinhosa que ele me chamava), o que eu tenho?"*, comecei a contar com a ajuda do médico e ele olhou para mim com um semblante de tristeza e desespero ao mesmo tempo, e disse: *"Gordinha, você está ouvindo? Estou com câncer igual à Mãe!"* e desabou a chorar. Falei a ele o mesmo que falei para minha mãe, que só havia dois caminhos: se entregar ou lutar. Ele decidiu lutar. E lutou como um leão. Apegou-se a Deus, aos sobrinhos que considerava como seus filhos. Iniciamos uma rotina intensa de tratamentos. Cuidava dele como cuidei da minha mãe. Cada dia era uma vitória. Ele passou por cirurgias, internações, crises, mas nunca perdeu o sorriso.

No dia 17 de janeiro de 2019, meu irmão foi internado na Beneficência Portuguesa de Campinas (SP), para uma nova cirurgia, para puxar uma alça no intestino e assim desobstruí-lo. As chances eram mínimas dele sobreviver, mas era a única opção no momento e sabíamos do alto risco: mas era preciso e para Deus nada é impossível. Passei a noite no hospital entregando a cirurgia nas mãos de Deus e pedindo a chance dele completar o seu tão sonhado 40 anos. A cirurgia foi acima do esperado pelos médicos. Ele passou a noite na UTI e no dia seguinte (19 de janeiro de 2019), ao amanhecer, eu estava lá e era o meu aniversário, mesmo em recuperação, me parabenizou. Achei linda a lembrança, um presente inesquecível.

No dia 20 de janeiro de 2019, meu irmão não estava muito bem. Durante uma conversa com ele, começou a passar muito mal, os aparelhos fazendo barulho naquela UTI, batimentos alterados. Chamei as enfermeiras, a minha reação foi encostar o meu rosto no dele e clamar a Deus de todo o meu coração. Comecei a orar e conversar com Deus: pedi para que, por favor, colocasse as mãos abençoadas de cura sobre a vida do meu irmão. Não demorou muito, ele foi acalmando, melhorando. Chegou uma enfermeira e perguntou: *"Quem estava fazendo oração?"*, eu disse: *"eu"*, a enfermeira falou: *"A sua oração chegou até o isolamento que fica lá no fundo do corredor"*, eu não tinha noção de que o tom da minha voz havia ido tão longe, e ali estava Deus — agindo. Fui embora daquela visita muito triste e clamando muito a Deus pela oportunidade dele melhorar e comemorar seu aniversário de 40 anos.

Na visita do dia 21 de janeiro de 2019, ele disse que precisava contar algo para mim: *"Gordinha, ontem, a hora que estava passando mal, eu estava indo embora, foi a sua oração e sua fé que me trouxe de volta!"*, eu caí no choro e disse: *"Muito obrigada, meu Deus, por estar sempre ao nosso lado."*

Em 5 de março de 2019, completou 40 anos com uma festa linda. Cercado por todos os familiares. Choramos, rimos, agradecemos a Deus. Dias depois, passou mal novamente. Sabia que estava se despedindo. Pediu para ver os sobrinhos e, por providência divina, a escola ligou dizendo que eles não estavam bem. Meu marido os levou e o reencontro aconteceu.

Na sexta-feira daquela semana, ele piorou. Entrei no quarto, encostei meu rosto no dele e fiz uma oração de entrega: *"Senhor, entrego a vida do meu irmão em suas mãos, que a tua vontade seja feita"*, e completei no ouvido dele: *"Gordinho. Descanse, guerreiro. Saiba que será para sempre o nosso exemplo, falarei de você sempre para os seus sobrinhos, o homem maravilhoso que foi e o que me conforta é saber a certeza da sua salvação. Saiba que continuarei seguindo o caminho de Deus, pois quero muito reencontrar todos vocês no céu."* Ele respirou fundo, virou a cabeça para o lado e faleceu, senti o seu corpo esfriando — veio a óbito.

Após o seu falecimento, parecia que meu mundo tinha acabado, a tristeza me abateu demais, fiquei muito triste: a minha fé chegou a ficar abalada. A todo momento, eu perguntava para Deus: *"Por que ele não curou o meu irmão?"* Eu orava tanto, clamava de todo o meu coração pela cura dele e Deus o levou — ouvir o não de Deus é muito difícil.

Uma semana após o falecimento, às 7 horas da manhã, estava sozinha na cozinha de casa fazendo café, quando fui tocada pelo Espírito Santo dizendo: *"Laura, eu ouvi sim as suas orações, eu curei o seu irmão, trouxe-o para perto de mim, tirei a dor e o sofrimento dele"*, na hora senti um alívio em meu coração como nunca havia sentido em minha vida e não sei expressar como foi maravilhoso este sentimento. Mas sei que a partir daquele momento fui transformada, meus pensamentos mudaram, a minha fé se fortaleceu como nunca imaginei e pude entender que: *"Se Deus fizer, Ele é Deus. Se não fizer, Ele é Deus."* Entendi que foi um não de Deus para aquela situação, mas que a minha dor seria transformada em testemunho para ajudar na obra de Deus.

A missão: transformando a dor em esperança

As perdas me devastaram, mas também me moldaram e transformaram.

Em 2021, me batizei, foi o início de uma nova vida: *"nasci de novo"*. Entreguei tudo a Deus. Compartilhei meu testemunho na igreja e senti que havia renascido. Anos depois, em 2024, se cumpriu uma vontade minha, expressada nos dias de angústia nas internações de meu irmão, onde éramos confortados por louvores e orações que eram entoados por um grupo — disse que um dia estaria ao lado dos que trariam este conforto, e assim foi. Fui convidada a integrar o Ministério Voz de Esperança da Igreja Nazareno Comunidade da Esperança, que leva conforto e esperança nos hospitais por meio de louvores e da oração.

Voltar ao hospital onde perdi meu irmão foi um grande desafio. Mas também foi a confirmação de que Deus estava me guiando. Hoje, levo conforto a quem sofre. Faço parte de um grupo maravilhoso, e cada visita é uma chance de ver Deus agir. Minha dor virou ministério. E sei que meu avô, minha mãe e meu irmão se orgulham disso no céu.

Conselhos de vida e fé

- Ore sempre: a oração sustenta quando nada mais parece ajudar.
- Valorize quem está ao seu lado: abrace, diga que ama.
- Não desista: a fé não impede a dor, mas dá sentido a ela.
- Viva um dia de cada vez: a vida é um sopro, e Deus é eterno.

Hoje, vivo com a certeza de que a fé não apenas nos fortalece, ela nos transforma. Deus me sustentou, curou minhas feridas e me deu uma nova missão. Que esse testemunho alcance seu coração e o lembre de que, mesmo na dor, Deus está presente.

"Mas os que confiam no Senhor renovam suas forças; voam alto, como águias. Correm e não se cansam, caminham e não desfalecem."

— Isaías 40:31

Leone Suzigan de Sales

@le_eone

Leone Suzigan de Sales

O SUCESSO NÃO É UM DESTINO FIXO, ELE É O REFLEXO DA JORNADA PERCORRIDA COM CORAGEM, RESILIÊNCIA E PERSISTÊNCIA.

Sou Leone, nascido em Americana (SP) e atualmente residente em Hortolândia (SP). Casado com a Viviane, atuo em tempo integral em uma organização de reconhecimento global. Tenho grande interesse por temas ligados ao autodesenvolvimento, psicologia do afeto, motivação e áreas afins. Entre os tópicos que mais me conectam, destaco a persistência. A vida nos apresenta inúmeras oportunidades, muitas delas em forma de desafios. É justamente nesses momentos que a persistência se revela essencial — como força que impulsiona quem busca o sucesso.

Compartilho reflexões com o intuito de provocar *insights* e inspirar outros a perseverarem em seus caminhos. Que cada leitura seja um convite à descoberta interior e ao crescimento contínuo.

Acesse o QR code ao lado:
conheça mais sobre o autor e escritor Leone Suzigan de Sales e seus projetos.

16 PERSISTÊNCIA

Por Leone Suzigan de Sales

Todos enfrentamos desafios ao longo da vida. Em alguns momentos, as dificuldades parecem insuperáveis, como tempestades que testam nossa resistência. No entanto, o que define nossa trajetória **não** são os obstáculos em si, mas a forma como escolhemos enfrentá-los: cada luta traz consigo uma oportunidade de aprendizado, um convite para o crescimento e a transformação.

É nessa jornada de superação que construímos nossa força interior. A motivação se torna mais do que um simples impulso momentâneo: ela se transforma em um escudo, protegendo-nos contra dúvidas e inseguranças. Quem consegue compreender a importância do fortalecimento da mentalidade diante das adversidades descobre que a verdadeira vitória está na persistência.

Fica claro que a caminhada importa tanto quanto o destino. O progresso não está apenas na conquista final, mas também nas lições aprendidas ao longo do caminho: cada passo molda quem somos, cada desafio nos ensina algo valioso.

Vivemos cercados de desafios e há momentos na vida em que parece impossível continuar. A vontade de desistir sempre pesa nos ombros e acaba se tornando um convite tentador.

Com intuito de apoiar ainda mais a persistência e perseverança no caminho diante das adversidades, iremos abordar quatro pontos importantes para se manter firme no processo.

A vida é feita de ciclos: a tempestade passa, mas o crescimento permanece

Assim como as tempestades que assolam o céu, os momentos difíceis que enfrentamos também têm um começo, um meio e um fim. Nenhum problema dura para sempre, e compreender essa realidade nos ajuda a atravessar as adversidades com mais resiliência.

Quando estamos no meio do caos, pode parecer que nunca veremos a luz novamente, mas é justamente nesses períodos que encontramos oportunidades de aprendizado e transformação. Encarar desafios como chances de crescimento nos permite extrair lições valiosas que moldam nosso caráter e fortalecem nossa determinação.

Aquilo que enfrentamos hoje pode se tornar a força que nos impulsiona amanhã. Cada dificuldade superada nos torna mais preparados, mais sábios e mais fortes. Por isso, em vez de temer as adversidades, devemos aprender a enfrentá-las com coragem e determinação, sabendo que, ao final da tempestade, o sol sempre volta a brilhar.

Abrace a rejeição: use-a como combustível para a evolução

A rejeição pode parecer um golpe duro, um obstáculo capaz de abalar nossa confiança e nos fazer questionar nosso valor. Mas, e se, em vez de vê-la como um fim, a encarássemos como um recomeço? Como uma oportunidade de aprendizado, crescimento e fortalecimento?

Na vida, nem tudo seguirá conforme o planejado. Portas se fecharão, oportunidades parecerão escapar, e respostas negativas farão parte do caminho. No entanto, a rejeição não define seu potencial, ela apenas indica que algo precisa ser ajustado, que há lições a serem aprendidas e novas direções a serem exploradas. Cada "não" pode ser um convite para aprimorar habilidades, repensar estratégias e buscar novos caminhos que estejam mais alinhados com seu verdadeiro propósito.

Muitos dos maiores sucessos da história vieram após fracassos e recusas que, no momento, pareciam definitivos. O que diferencia aqueles que alcançam seus objetivos é a capacidade de transformar a rejeição em impulso para tentar novamente: melhor e mais preparado.

Portanto, abrace a rejeição. Use-a como combustível para evoluir, como um sinal de que você está se movendo e crescendo. O fato de algo não ter funcionado hoje não significa que nunca dará certo: apenas indica que a jornada ainda não terminou. E talvez seja justamente essa rejeição que te conduzirá à sua próxima grande vitória.

Fortaleça sua motivação: mantenha o foco e a persistência.

Muitas vezes, pensamos na motivação como algo que simplesmente aparece, um impulso espontâneo que nos leva a agir. No entanto, podemos entender que a motivação é construída, reforçada e cultivada diariamente. Ela deve estar alinhada diretamente com seu propósito ou meta, para poder te apoiar nos momentos de dúvida, desânimo e desafios que surgirem pelo caminho.

Para fortalecer tal determinação, é essencial adotar hábitos que mantêm sua mente focada e seu espírito resiliente. A leitura de conteúdos inspiradores, como este livro, por exemplo, a visualização de seus objetivos sempre que houver desvio do foco e a ação constante, são elementos que ajudam a consolidar essa energia de motivação. Pequenos atos diários, tais como afirmações fortalecedoras:

"Eu sou capaz..."

"Tenho tudo que preciso para ter sucesso..."

"Eu consigo, eu acredito em meu potencial..."

Elas trazem um impacto profundo na sua capacidade de perseverar, tornando a motivação algo que você controla e não algo que depende de fatores externos.

Além disso, encontrar razões profundas para seguir em frente faz toda a diferença. Um propósito maior impulsiona a persistência, pois dá significado às suas ações e fortalece sua vontade de superar obstáculos. Quando você compreende o "porque" por trás de seus esforços, qualquer desafio se torna uma etapa do processo, e não um motivo para desistir.

Construa sua motivação com dedicação e consciência, pois ela será seu alicerce em momentos difíceis, permitindo que você continue avançando em direção aos seus sonhos e objetivos.

Nunca pare de caminhar: a jornada conta tanto quanto o destino.

Em um mundo acelerado, onde as conquistas imediatas parecem o objetivo principal, é fácil se perder na obsessão pelo resultado final. No entanto, o verdadeiro valor está no caminho percorrido, nas pequenas vitórias e nos aprendizados adquiridos ao longo da jornada.

O progresso pode ser lento, e às vezes a sensação de estagnação pode desanimar. Mas cada pequeno passo dado é uma conquista e um avanço que nos aproxima do nosso objetivo.

Valorize o que realmente importa: a constância e a determinação de seguir em frente, mesmo diante dos obstáculos.

Grandes feitos não nascem do dia para a noite: eles são construídos "tijolo por tijolo", com dedicação, esforço, perseverança, persistência e paciência. Quando focamos apenas na linha de chegada, corremos o risco de ignorar as riquezas que encontramos pelo caminho, experiências que fortalecem nossa mentalidade e moldam nosso caráter.

Erros e obstáculos fazem parte deste processo: eles não definem quem somos, mas sim a maneira como escolhemos lidar com eles. Cair e levantar, aprender com cada falha e seguir mais preparado são os verdadeiros sinais de crescimento. O destino pode ser grandioso, mas é a jornada que nos transforma e nos ensina a valorizar cada passo dado.

Então, aproveite o percurso, celebre as pequenas vitórias e mantenha-se firme. Lembre-se: o caminho importa tanto quanto a chegada.

A força de seguir em frente: o caminho para o sucesso

> "Nunca iremos alcançar resultados diferentes percorrendo o mesmo caminho."

Se desejamos crescer, precisamos estar dispostos a mudar, a enfrentar o desconhecido e a desafiar nossas próprias limitações. O sucesso não acontece por acaso: ele é construído dia após dia, através de escolhas, dedicação e superação.

Se você está passando por momentos difíceis na sua travessia, não quer dizer que é o fim, mas pode significar que está no caminho certo. As dificuldades são sinais de evolução, crescimento que fortalecem sua determinação e testam sua capacidade de adaptação. Cada obstáculo vencido é um degrau a mais rumo ao sucesso, pois é nas adversidades que descobrimos nossa verdadeira força e aprendemos lições que nos acompanham para toda a vida.

A jornada pode ser árdua, cheia de incertezas e recomeços, mas ela também é o que molda nossa força interior. A cada passo, a cada superação, você se torna alguém mais preparado, mais sábio e mais confiante. O verdadeiro sucesso não está apenas na linha de chegada, mas em tudo que você construiu ao longo do caminho: nas habilidades desenvolvidas, na mentalidade fortalecida e nas conquistas, grandes ou pequenas, que comprovam sua evolução.

Abrace o desafio, valorize o processo e entenda que os momentos difíceis não são sinais de fracasso, mas sim de crescimento. O sucesso não é um destino fixo, ele é o reflexo da jornada percorrida com coragem, resiliência e persistência. E, ao fim da travessia, você perceberá que cada esforço valeu a pena, pois não apenas alcançou seu objetivo, mas se tornou alguém capaz de conquistar ainda mais.

Luciana Priore

@luciana.priore

(19) 98318-5494

luciana.priore20@gmail.com

MINHA MISSÃO, AGORA, É CLARA: MOSTRAR QUE É POSSÍVEL VENCER, MESMO QUANDO TUDO PARECE PERDIDO.

Sou Luciana Priore, uma educadora apaixonada e psicanalista especializada em adolescentes, dedicada a transformar vidas através do conhecimento e da orientação. Com mais de 12 anos de experiência, tenho o privilégio de ser mentora de famílias e adolescentes, guiando-os em jornadas de descoberta e crescimento pessoal.

Meu caminho profissional não se limita apenas à prática clínica; também sou estudante de Neurociências do Desenvolvimento Humano e Comunicação, buscando sempre ampliar meu entendimento sobre como o cérebro humano molda nossa experiência e interação com o mundo.

Ao longo dos anos, testemunhei centenas de transformações positivas, cada uma delas reforçando meu compromisso em oferecer suporte empático e informado a todos que buscam um caminho de realização e bem-estar. Estou aqui para ajudar você e sua família a superar desafios, descobrir potenciais e alcançar um futuro pleno de possibilidades.

Acesse o QR code ao lado:
conheça mais sobre a autora e escritora Luciana Priore e seus projetos.

17

RESILIÊNCIA SUPERANDO DESAFIOS: COMO ENFRENTAR DESAFIOS E SUPERAR DIFICULDADES

Por Luciana Priore

Antes de ser mãe, antes de ser esposa, antes de enfrentar os desafios da vida adulta, eu fui uma menina. E fui uma menina feliz. A infância deixou em mim memórias doces: brincadeiras no quintal, risos soltos ao vento, uma sensação de proteção que só o amor verdadeiro pode oferecer. Minha mãe foi o alicerce dessa fase tão especial. Criou-me com cuidado, afeto e um amor firme e presente. Foi minha primeira e mais importante referência de força e carinho, ensinando sem dizer, amando sem medida. Talvez por isso eu tenha crescido com tanto amor dentro de mim. Um amor que, mais tarde, se tornaria minha principal arma contra as dificuldades da vida.

Em 1993, aos 16 anos, enquanto muitas meninas ainda estavam descobrindo seus sonhos, eu vestia branco e dizia "sim" a uma vida completamente diferente. O casamento precoce não foi apenas um passo; foi um salto para a maturidade, para a responsabilidade, para um mundo que exigia muito mais do que eu imaginava. Logo depois, a maternidade veio como um presente e um desafio: o Bruno em meus braços e um universo novo diante dos meus olhos. **Tornei-me mãe quando ainda era filha.**

Foram noites sem dormir, dias em que o choro da criança se misturava com o meu, silencioso, escondido atrás de um sorriso cansado. Mas, mesmo tão jovem, havia dentro de mim uma força que poucos conseguiam ver. Essa força não gritava, não fazia alarde, mas estava lá: firme, presente, resiliente.

Cinco anos depois, chegou a Carol e, com ela, uma nova versão de mim mesma nasceu também. Agora, mãe de dois, os desafios dobraram, mas também dobraram o amor, a vontade de vencer, a coragem de seguir.

As dificuldades vinham de todos os lados. Enfrentei de tudo: a falta de recursos, o peso da responsabilidade, as cobranças da sociedade que, muitas vezes, julga sem conhecer, a solidão e o medo. Mas escolhi não me vitimizar — escolhi lutar. Lutava todos os dias, com atos simples que exigiam tudo de mim: levantar cedo, preparar a comida, ensinar valores, cuidar da casa e dos sentimentos, tanto meus quanto dos meus filhos.

Na adolescência, passei por alguns desafios típicos da idade, como me sentir incompreendida e invisível aos olhos dos meus pais. Mais tarde, já como mãe, revivi os conflitos da adolescência pelos olhos dos meus filhos. Em certos momentos, senti-me perdida e despreparada — mas foi nesse ponto que a transformação começou.

Com coragem, busquei ajuda, conhecimento, autoconhecimento. Li muito, estudei, escutei, chorei, me reconstruí. Entendi que não precisava carregar tudo sozinha, que era possível ser forte e vulnerável ao mesmo tempo. E, aos poucos, fui percebendo que tudo o que vivi não foi em vão; havia um propósito maior em cada dor superada: eu estava sendo moldada para ser apoio, luz e caminho para outras pessoas.

Foi assim que descobri outra parte da minha missão: ajudar adolescentes.

Hoje, sou referência. Mostro ser possível, sim, se reencontrar, mesmo nos dias em que tudo parece um caos. Passei a orientar jovens com carinho, escuta e firmeza. Hoje, converso, aconselho, acolho. Ensino o que aprendi com a vida, nos livros, nas lágrimas, nos erros, nas tentativas e, sobretudo, nas vitórias. Aos poucos, fui encontrando meus caminhos. Se antes minha vida parecia limitada às paredes de casa, passei a enxergar que minha história poderia ecoar além. As dores que vivi tornaram-se pontes, e as lágrimas sementes de empatia. Compreendi que nada daquilo havia sido em vão, tudo me preparou para o propósito que, até então, eu mesma não sabia que carregava.

Hoje, a menina que virou mulher tão cedo tornou-se uma fonte de inspiração. Superei as estatísticas, venci o desânimo, reinventei-me. E, mais do que isso, estendi a mão para outras mulheres, famílias e adolescentes que viviam histórias parecidas com a minha, para encontrarem a mesma força que um dia descobri em mim.

Minha missão, agora, é clara: mostrar que é possível vencer, mesmo quando tudo parece perdido. Que é possível ser mãe jovem e, ainda assim, realizar sonhos. Que o amor, a fé e a persistência têm o poder de transformar destinos. Que nenhuma mulher está sozinha. Que todo adolescente pode ser ouvido e cuidado. E que toda história, por mais dura que pareça, pode se tornar luz na vida de alguém.

Sei que a jornada nunca é fácil. Mas sei, também, que cada batalha vencida tem valor. E que a vida, mesmo com suas dores, é um convite constante à superação.

O que começou como um caminho solitário, tornou-se uma missão coletiva. E sigo firme, com os pés no chão e o coração no alto, guiando outras mulheres, mães e jovens — assim como um dia eu fui.

A caminhada até aqui foi longa, marcada por desafios e superações. Mas cada cicatriz que carrego tem hoje um significado maior: elas me tornaram ponte para outras pessoas. O que antes era apenas sobrevivência virou propósito.

Aquela menina que um dia chorou calada — hoje é voz para quem precisa ser ouvida.

Aquela mãe que um dia se sentiu perdida — hoje é guia para outras mães que buscam direção.

Comecei ajudando devagar, com o coração. Uma conversa com a amiga que estava exausta, um conselho para a adolescente da escola que queria fugir de casa, um acolhimento silencioso para aquela mãe que não sabia mais como lidar com o filho rebelde. Com o tempo, essas ajudas cresceram. Tomaram forma. Tornaram-se missão.

Hoje, através da Psicanálise e Mentoria para Famílias e Adolescentes, conduzo rodas de conversa, encontros com mães e jovens, onde compartilho não apenas palavras, mas escuta. Em cada encontro, digo: ***"Eu entendo você. Já estive aí."***

E essa frase, tão simples, tem o poder de abrir corações fechados pela dor, pela culpa ou pelo medo — e como se abrem!

Com os adolescentes, o cuidado é redobrado. Sei o quanto essa fase é confusa. Não falo com julgamento, mas com verdade. Compartilho minha história, mostro que os erros não definem ninguém, que podemos recalcular a rota e que sempre é possível recomeçar. Já ajudei meninas que pensavam em desistir, meninos que carregavam raiva em silêncio, com cada um, planto uma semente de esperança.

Com as mães, trabalho a força interior. Muitas se acham fracas por estarem cansadas, mas ensino que o cansaço não é sinal de fraqueza, é sinal de caminhada. Ensino a olhar para si mesmas, a se valorizarem, a cuidarem da mente e do espírito, mesmo em meio ao caos da rotina. Proponho pequenos gestos que mudam vidas: uma oração diária, um momento de escuta com o filho, um abraço mais demorado, o autocuidado e o amor-próprio.

Não há fórmulas prontas.

Cada um é único em sua individualidade.

Sou uma mulher comum, com uma história extraordinária. E talvez seja justamente isso que torne minha missão tão poderosa: falo com verdade, com simplicidade, com humanidade.

Às vezes, tudo o que uma pessoa precisa é saber que não está sozinha. E eu sou esse sinal, essa presença, esse abraço.

Já ouvi mães dizerem: "***Você salvou minha família.***"

Já escutei jovens confessarem: ***"Se não fosse essa conversa, eu não sei o que teria feito."***

Não me considero uma heroína. Sou apenas alguém que decidiu transformar dor em ponte, queda em degrau, dificuldade em missão.

A cada vida tocada, meu propósito se renova. Acredito que, quando uma mulher se cura, uma geração inteira é curada com ela. Que quando um jovem é escutado, ele aprende a escutar o mundo com mais compaixão. Que cada gesto de cuidado gera uma corrente de amor que se espalha muito além do que se pode ver.

Hoje, eu não quero apenas sobreviver.

Eu quero florescer.

E quero ver outros florescendo também.

Porque o mundo precisa de mais histórias assim:

De quem caiu, mas se levantou.

De quem chorou, mas sorriu de novo.

De quem acreditou, mesmo quando ninguém mais acreditava.

Lucimar de S. Ribeiro Aires

@luairespsicoterapeuta

EU SUPORTAVA TUDO ATRAVÉS DA MINHA FÉ.

Sou Lu Aires, nascida em Jacuí (MG), criada na zona rural até os 12 anos e, aos 15, recomecei minha vida em Paulínia (SP). Sou esposa de Delber, mãe de dois meninos, formada em Recursos Humanos (UNIP) e pós-graduada em Terapias Integrativas e Complementares (UNIBF).

Sou Psicoterapeuta Integrativa, Terapeuta de Alta Performance (UniFast/MEC), com formações em PNL, Hipnose Clínica, Respiração Terapêutica, Análise Comportamental e Neuro Emoções. Atendo pessoas com ansiedade, depressão, bloqueios emocionais e dores internas profundas.

Hoje, levo meu trabalho a vários países, como Brasil, Portugal, Irlanda, Angola, Itália e Espanha.

Gratidão eterna a Deus e aos meus pais, que mesmo sem estudo, foram meu alicerce e exemplo de dignidade.

Acesse o QR code ao lado:
conheça mais sobre a autora e escritora Lucimar de S. Ribeiro Aires e seus projetos.

18

UMA IMPROVÁVEL QUE ENFRENTOU AS ADVERSIDADES E VENCEU

Por Lucimar de S. Ribeiro Aires

Eu sou Lucimar. Nasci em uma cidade bem pequena, em Minas Gerais, que foi capital mineira por 24 horas. Por motivo do não desenvolvimento, não pôde ser a capital; sendo assim, Belo Horizonte assumiu esse posto. Meu nascimento foi em Jacuí, Minas Gerais, no dia 20 de fevereiro de 1977. Eu estava na cidade, mas precisei nascer em casa, com parto feito por uma "parteira", porque o único médico da cidade estava no carnaval. Meus pais moravam em uma casa pequena, feita de barro, no sítio da minha avó paterna, chamada Antônia — foi ali que começou o meu sofrimento.

Quando eu ainda era bebê, meus pais não tinham condições financeiras. Minha mãe precisava usar pedaços de pano como fralda em mim e fazia minhas roupas de "saco", costuradas à mão.

Morávamos a duas horas da cidade de Jacuí. Como nasci asmática, sempre que eu passava mal durante a madrugada, minha mãe me levava para fazer inalação e nossa única condução, devido à condição financeira, era a cavalo — faça chuva ou faça sol.

Como se todos os problemas já não bastassem, minha mãe, ainda de resguardo, precisava trabalhar na roça. Ela me levava junto e me colocava embaixo de uma moita de capim para me proteger do sol. Mas ali, embaixo da moita, havia bichos que me picavam, e eu ficava com múltiplos hematomas quando ainda era bebê.

Como minha mãe não teve repouso após o parto, seu leite secou, e ela não conseguiu me amamentar. Naquela época, tínhamos uma única vaca, de onde tiravam o leite para mim. Mas, como minha avó paterna não gostava da minha mãe, ela soltava a vaca e deixava o bezerro mamar todo o leite que seria para mim.

Minha mãe me dizia que eu, recém-nascida, chorava muito de fome por não ter leite. Ela pedia socorro ao vizinho, frequentemente pedindo meio litro de leite. Depois, colocava água para aumentar a quantidade e ter o suficiente por mais tempo, para poder me alimentar.

Como se não bastasse, meus tios — irmãos do meu pai — brigavam por mantimentos, como o feijão colhido no quintal da minha avó Antônia.

Quando eu tinha aproximadamente 6 anos, minha avó Antônia faleceu. Mas o que eu mais me lembro dela era quando me dizia: "Você veio, filha, saudade."

Após sua morte, houve muitas brigas. Dividiram as terras e nós fomos morar em uma casa no nosso sítio de herança, chamado "Gomes".

Nesse sítio, quase perdi minha vida. Fomos buscar feijão na roça com seis bois na canga, e um deles, que estava próximo ao carro, se deitou, recusando-se a andar: o peso estava grande demais. Como era uma ladeira no meio da mata, meu pai me pediu, tão pequenininha, para ficar na frente dos bois, com uma vara de ferrão erguida, sem poder abaixar. Ele e minha mãe tentavam levantar o boi. Um instante depois, por ser tão pequena e frágil, me cansei e abaixei a vara. Quando fiz isso, os bois entenderam que era para andar, e adivinha o que aconteceu? Eles vieram todos para cima de mim, me pisotearam enquanto eu estava caída no chão. O carro de boi, por milímetros, não passou em cima de mim com a roda de ferro. Só me lembro do grito da minha mãe e do meu pai pedindo a Deus que me guardasse.

Parecia que agora tudo estava bem, né? Mas não!

Um tio meu chegou dizendo que iria me levar embora, pois soube do que havia acontecido. Me colocou na garupa de um burro — meus pais concordaram, principalmente depois do susto de quase me perderem. Eu montei no burro e, segundos depois, quando ele o apertou para andar, eu caí. Meu tio não conseguia me encontrar; os matos eram muito altos. Depois que me encontrou, montei de novo no burro e fomos embora, dessa vez bem devagar.

Por isso, aprendi muito cedo a agir como adulta. Tudo para mim era "agora", e não "depois". Eu não tive a opção de ter medo. Se chorasse, apanhava, e ainda assim tinha que fazer.

Nessa casa, me lembro de muitas coisas que precisei ressignificar para ficar bem. Eu já tinha uns 7 anos. Meus pais brigavam muito, e na época meu pai vivia alcoolizado. Toda vez que discutiam, ele saía pela estrada deserta à noite, dizendo que ia embora. Isso para mim era um sofrimento. Eu ia atrás dele, pois tinha muito medo de que algo ruim acontecesse.

O lugar onde morávamos era cercado por uma mata gigante. Lá tinha onças, lobos... Era muito perigoso. De tanto eu insistir para ele voltar, ele acabava voltando — mas só de madrugada.

Como meus pais saíam muito cedo para trabalhar, eu precisava ir à escola sozinha, com muito medo. A escola ficava a uma hora e meia de caminhada, e eu tinha apenas 7 anos. Não tínhamos vizinhos por perto, nem amigos. Cresci sozinha. Meus únicos amigos eram meus cachorros e as joaninhas que via nas folhas e flores das árvores.

Como nossas condições eram bem precárias, eu não tinha mochila. A solução que minha mãe encontrou foi colocar meus materiais num saco de arroz.

Minhas roupas e sapatos eram doações de primas que moravam em São Paulo. Qualquer tamanho "servia", pois amarrávamos um cordão para ajustar. Nos sapatos, colocávamos algodão — meu pé ainda era pequeno.

Um dia, voltando sozinha da escola, no meio do caminho apareceu um andarilho que gritava que "iria me pegar e me matar". Ele mostrou uma faca. Como estava a uns 300 metros de mim, larguei meu material numa trilha no meio do mato — que era quase da minha altura — e corri muito, buscando ajuda de um sitiante "próximo" do meu pai.

Ele era inimigo do meu pai, por causa de bois que pulavam a cerca. Mas essa foi a única solução. Foi esse homem que me socorreu. Depois disso, fiquei com muito medo de ir à escola. Para piorar, a professora era minha prima, e contou para minha mãe que eu estava faltando.

Eu fingia que ia para a escola, mas ficava no lago, no fundo de casa, brincando com os cágados. Faltava às aulas por medo de morrer.

Não contei para meus pais, pois sabia que apanharia, e, mesmo sem contar, apanhei do mesmo jeito. Minha mãe me levou um dia à escola para "passar o medo", e nos outros dias eu tinha que ir sozinha, com medo mesmo, chorando, sem ter a quem pedir socorro.

Nessa época, já precisei ser forte e vencer meus medos, sem entender por quê.

Depois dos meus 8 anos, meus pais venderam o sítio onde morávamos e fomos para um lugar chamado Chapadão.

Lá, eu também precisava caminhar até a escola e sofria bullying por ser muito magra. Me chamavam de Olívia Palito. Meu rosto era muito manchado e nossas condições continuavam difíceis. Só tínhamos o que plantávamos na roça — arroz e feijão — e criávamos porco. Danone, pão e essas coisas, eu nem sabia o que era.

Nessa época, eu chegava da escola, almoçava e já ia roçar o pasto, carpir o feijão ou colher arroz.

Tinha minha própria roça de feijão. Quando não havia colheita, íamos trabalhar na *"panha"* de café para os fazendeiros, para garantir algum dinheiro. Eu só tinha 9 anos, mas já tinha responsabilidades e recebia como um adulto.

Quando eu estava perto de completar 10 anos, nasceu meu irmão. Minha mãe ficava em casa com ele, e eu e meu pai saíamos às 4 da manhã para *"panhar"* café no caminhão pau de arara. Lá, almoçávamos esquentando a comida com álcool em uma lata.

Mas essa felicidade durou pouco. Falo que era feliz e não sabia. Mesmo diante de tantas dificuldades, éramos uma família feliz. Comíamos juntos na mesa, à luz de lamparinas, que deixavam nosso nariz todo preto. Meu pai me ajudava nos estudos, me ensinava tabuada e as contas de multiplicação e divisão. Ele brincava comigo após o trabalho: jogávamos futebol, esconde-esconde e brincávamos de jogar água um no outro.

Quando meu pai ia ao campo de futebol aos domingos, eu ia com ele numa bicicleta muito velha, de tamanho médio, com o pneu todo enrolado em câmara de ar, pois vivia furado. Só que meu pai ficava a tarde inteira no campo e, ao escurecer, eu voltava para casa sozinha. Eu só tinha 12 anos e, como era muito longe e em mata fechada, ouvia lobos e onças pelos uivos e miados. Eu vinha pedindo a Deus para me guardar.

Mas isso durou pouco. Meus pais brigaram e, ainda com 12 anos, eles se divorciaram, pois já ocorriam agressões verbais e físicas. Meu irmão era apenas um bebê de dois aninhos. Foi a parte mais difícil: uma criança tentando entender o que estava acontecendo.

Próximo à separação dos meus pais, participei de um desfile de 7 de setembro em Bom Jesus da Penha, onde eu estudava.

Meus pais venderam o sítio e meu pai veio para Paulínia (SP). Eu, minha mãe e meu irmão ficamos morando numa casa cedida por um irmão da minha mãe, já falecido.

Moramos nessa casa por três anos. Eu estudava à noite e, durante o dia, colhia café com minha mãe. Muitas vezes, eu e minha mãe trabalhávamos por metro, furando rede de esgoto para a passagem das manilhas grandes — era nosso único sustento. Tínhamos poucas condições ainda e usávamos roupas doadas por outras pessoas.

Aos 14 anos, eu ia para a casa da minha tia Lúcia, em Jacuí, onde vivia minha prima-irmã Fernanda, que considero muito. Lá, ríamos e chorávamos juntas. Eu adorava estar com minha tia, pois, além da boa companhia, ela tinha melhores condições e me proporcionava o prazer de comer pão com mortadela e queijo — para mim, uma sensação única e deliciosa. Íamos à praça da cidade, eu e minha prima, e como eu não tinha roupas nem sapatos, usava as roupas da minha tia.

Nesse meio tempo, meu pai estava sendo ajudado por parentes em outro estado. Passaram-se três anos e, sem aguentar mais a distância, ele decidiu voltar para nos visitar. Minha mãe e meu pai se reconciliaram, e, por fim, todos nós decidimos vir para Paulínia, no dia 12 de outubro de 1991, começando nossa nova jornada.

Em Paulínia, viemos morar no bairro João Aranha, onde concluí meu ensino fundamental.

Meus pais viveram apenas dois anos de "paz", e logo começaram novamente as brigas, discussões, traições, bebedeiras, etc.

Meu primeiro emprego registrado em Paulínia foi aos 15 anos, na *Granja COAVE.* Minha função era recolher ovos, levava diversas bicadas de galos e galinhas. Depois, fui trabalhar na *Fripau*, um frigorífico, onde fiquei apenas quatro meses, pois tenho asma e o ambiente era extremamente frio — acabei saindo.

Aos 17 anos, fui trabalhar em uma confecção de calças jeans. Aos 18, entrei na *Confetec* como auxiliar de costura.

Aos 19, por já ter experiência, fui para a *Giane Confecções*, como cortadeira de tecidos. Sempre tive habilidade para aprender rápido. Com o tempo, também passei a trabalhar como costureira.

Por volta dos 17 anos, meus pais se separaram definitivamente.

Voltamos a ser só nós três: eu, meu irmão e minha mãe.

Nunca tive o privilégio de meu pai me levar à escola, nem mesmo em dias de chuva. Sempre tive que fazer por mim mesma — inclusive na minha própria roça, quando tinha apenas 10 anos.

Em 1996, conheci meu falecido esposo, Antonio Aires, por meio de uma viagem com minha mãe para Nova Resende (MG). Ao entrar no carro, tive medo, por não o conhecer e pela longa distância com um desconhecido. Chamei uma amiga para me acompanhar, mas ela não chegou a tempo, e fui sozinha com o motorista que, por sorte, era um homem educado e muito intelectual. Ele me ajudou e me orientou corretamente no que deveria fazer.

Por fim, deu tudo certo. Na volta, rolou um beijo — e eu e esse homem nunca mais nos desgrudamos, até o dia da sua morte.

Meu maior sonho, quando mais jovem, era estudar inglês e ir embora para outro país. Aos 20 anos, iniciei os estudos de inglês na *ABC*, em Campinas, por três anos, mas com o tempo, por falta de prática, acabei perdendo a familiaridade com a língua.

Eu e Antonio fomos nos conhecendo, começamos a namorar e logo casamos. Tivemos um filho e moramos por nove anos no fundo da casa da minha mãe. Passamos por muitas dificuldades. Com o tempo, ele começou a apresentar comportamentos alterados devido ao vício recente em bebida e, depois, jogos de azar. Imagino que você já deva imaginar o que acontecia com o salário dele... Sim! Gastava tudo em jogos e bebida.

Como disse, tivemos um filho. Quando ele ainda era de colo, para ajudar nas despesas, precisei vender cosméticos por cinco anos. Saía com ele, ainda com apenas um ano, com uma sacola cheia no carro, tentando complementar nossa renda.

Nessa época, meu esposo chegava bêbado, brigávamos muito. Eu suportava tudo através da minha fé. Meu pai, no início, não aceitou meu casamento — ficou dez anos sem falar comigo.

Havia vezes em que eu o encontrava na rua, e ele fingia que não me conhecia. Após nove anos sofrendo no fundo da casa da minha mãe, com ela intervindo no relacionamento e na educação do meu filho, eu já estava esgotada. Então, decidimos comprar um terreno. Vendemos nosso carro, que já era velho, e voltamos a andar a pé e de ônibus.

Eu trabalhava como costureira na *Andaluz Confecções*. Combinamos que eu pagaria o terreno e ele a construção. Nessa época, parei de vender cosméticos e comecei a trabalhar com semijoias para ajudar na renda.

Nossa casa foi construída com muito suor e lágrimas. Trabalhávamos duro. Sem dinheiro para pagar tudo, contratamos pedreiro apenas para levantar as paredes. À tarde, nós mesmos enchíamos as colunas e as percintas da casa.

Como eu tinha mais tempo que ele, fui eu quem carregou todos os tijolos — e era um sobrado.

Tivemos momentos difíceis. Passávamos mal por não termos nem uma bolacha para comer.

Nosso filho, muitas vezes, não tinha nem um Danone, e nós, nem um real para comprar. Ele era muito alérgico a insetos e a leite, e quando passava mal, corríamos para o médico.

Mesmo sem acabamento, decidimos morar logo na nossa casa. Quando chovia, escorria água dentro, mas nunca desistimos, pois tínhamos uma promessa de Deus. Tudo o que tenho foi pela fé nessa promessa.

Em 2011, tivemos nosso segundo filho: Paulo Ricardo.

Luiz Crescenzo

@luiz_crescenzo

Luiz Crescenzo

ajacoracao.com

O TAMANHO DO FANTASMA, E O QUANTO ELE PODE ASSUSTAR, É VOCÊ QUE DECIDE NESTA JORNADA EM BUSCA DA REINVENÇÃO.

A vida me surpreendeu aos 60 anos — e com ela, reencontrei minha própria voz. Sou jornalista, repórter de TV e contador de histórias. Pai da Marina, Antônio, Bento e Lis. Aprendiz de triatleta, resiliente por vocação. Após enfrentar uma cardiopatia grave que reduziu minha função cardíaca a 18%, descobri na vulnerabilidade uma força nova: a de continuar "nadando", mesmo quando mal podia caminhar.

Hoje, entre microfones e maratonas, compartilho o que aprendi com quem busca reinventar a vida. Porque cada desafio — seja na política, na saúde ou no coração — é também uma oportunidade de recomeço.

Acesse o QR code ao lado:
conheça mais sobre o autor e escritor Luiz Crescenzo e seus projetos.

19

AJA CORAÇÃO

Por Luiz Crescenzo

Os degraus desta vez pareciam maiores e mais longos. A esperança de encontrar alguém na escadaria, que era de origem longa e sinuosa, agora se tornou inalcançável. Acostumado a enfrentar longos e difíceis obstáculos, precisei do apoio do corrimão para não cair.

Começava ali, na famosa escadaria das Cataratas do Iguaçu, um caminho assustador ao encontro do desconhecido. Nas horas seguintes, o coração, que deveria se acalmar, continuou aflito, com a respiração curta como o fim de um mergulho profundo.

Na verdade, era só o começo.

Com o passar dos dias, o coração não se acalmou, e o fôlego permaneceu apertado.

Ansiedade, novos desafios, tristezas do passado, nada guardado nas prateleiras da alma justificava, em princípio, aquele enorme mal-estar. Era preciso ir além de uma sensação, era preciso uma resposta.

O que não se descobre na sala do terapeuta, descobre-se no consultório médico. E foi assim, de susto, que a história ganhou um contorno ainda mais dramático.

O médico, um velho conhecido que também era corredor dos bons e um camarada extremamente divertido com piadas e “tiradas” espetaculares, estava sério e concentrado em demasia.

— Você está com batimento de galope! — decretou o médico.

O que significava que, mesmo em repouso, o coração batia 120 vezes por minuto.

— Você está com dois terços de água no pulmão — avisou o médico.

O que explicava minha falta de ar.

O sorriso e o clima ameno da consulta foram substituídos por uma fisionomia séria e preocupada.

Na sequência, exames ecocardiograma e eletro que mostraram, em riscos e rabiscos, que o bom e não tão velho coração já não batia como antes.

Era preciso agir, e rápido.

Exames mais sofisticados, como as ressonâncias magnéticas, foram marcados a toque de caixa e, conforme as imagens apareciam no monitor, o momento ficava cada vez mais assustador. No final de uma hora, o diagnóstico:

— Você tem uma cardiopatia, e apenas 18% de função cardíaca.

Fiz uma força enorme para impedir que aquele restinho não parasse imediatamente ao receber a notícia.

Aos 60 anos, enquanto me preparava para uma prova de *IRONMAN* com treinos diários de natação, corrida e bicicleta, descobri que mal podia caminhar até a esquina.

Saber que vamos morrer, todos nós sabemos, não existe novidade, nem notícia nisso. Muito já se falou sobre o assunto desde o princípio da humanidade — *“do pó viestes, para o pó voltarás”* —, mas, quando ela, a morte, desperta ao seu lado, a história ganha contornos de tensão e imprevisibilidade.

Hoje acordei 82% morto, pensei comigo mesmo.

E não há dúvidas: não é uma boa sensação.

O desespero toma conta da razão, e a morte vira uma companheira quase inseparável. Passei a dizer, durante esse período, que acordar era a grande zebra do dia.

Neste oceano de tsunamis, é difícil manter a esperança e a fé, mas é preciso não parar de nadar e seguir em frente.

Winston Churchill, um frasista histórico, disse certa vez:

"Quando estiver no inferno, continue andando!"

E assim fui!

De mãos dadas com a minha mulher, que foi o pilar central deste recomeço, sempre com palavras e atitudes de esperança, segui — ora caminhando, ora tropeçando.

Mas as tempestades de aflição são sorrateiras e despencam sobre nossas cabeças e corações sem aviso prévio. No meio da madrugada, a insônia alerta sobre o fantasma à espreita, presente em todos os cantos, que se manifesta ao acordar com o coração acelerado, fazendo sentir sua presença em cada instante e lugar.

As injúrias, as brigas com Deus, as juras de raiva e incompreensão ficam mais fortes e frequentes.

"Você sempre zombou da morte, agora ela veio cobrar satisfação."

60 anos, está bom? — Se estivéssemos na Idade Média, seria ótimo. Agora, nem idoso me considero. Estava me preparando para um *IRONMAN*, agora, não posso nem correr na escada se estiver apertado para ir ao banheiro.

E os filhos, quatro no total, gêmeos entrando na vida adulta, uma pré-adolescente e um bebê ainda na fralda.

O que vai ser deles?

Quem vai cuidar?

Buscar na escola?

Fazer comida?

Contar história para dormir?

Quanto tempo eles ainda vão guardar a memória do pai? Um, dois anos?

Qual será o legado que deixarei?

De zero a dez, que nota levo, como pessoa, agora, ao sair de cena?

Palmas, vaias ou indiferença...

Todos os dias, um turbilhão de sentimentos, dúvidas e principalmente culpas surge na frente dos olhos.

É como fazer um inventário de si mesmo, só que ao invés de um sepultamento, você "se desenterra", e esse é um processo doloroso.

Estes fantasmas, que agora são parceiros inseparáveis, cobram de você a palavra dita ou maldita.

Preparar o corpo para uma prova é fácil: basta determinação e planejamento. Já treinar a cabeça e o coração envelhecido para uma mudança destas não é para amadores.

Com os alarmes disparados, fui encaminhado para o ambulatório de cardiologia do *Hospital de Clínicas da Unicamp*. A Universidade é uma referência nos tratamentos mais complexos, e a cardiologia está no topo desta enorme lista.

Com um punhado de papéis, laudos e imagens, cheguei ao serviço médico para saber qual era o meu lugar na assustadora fila do transplante. Meu caso parecia irreversível, uma atrofia no ventrículo esquerdo que fazia meu coração ter que bater mais do que dobrado para dar conta de manter uma pessoa com um metro e oitenta de altura e oitenta e seis quilos de pé — e viva.

Era preciso diagnóstico milimétrico, exame de sangue, urina, genética, espirometria — enfim, um pré-operatório completo. Antes do corte profundo, alguns pequenos talhos no caminho. A junta médica quis investigar as artérias e veias e a integridade do pulmão, assim optou por um cateterismo duplo.

Lá estava eu, acordado, fazendo minha estreia no centro cirúrgico.

O cateterismo trouxe boas novas: as veias estavam livres, e o sangue corria pelo corpo sem obstáculos. Dá até para dizer que foi ali, ao acompanhar os gráficos e os monitores, que começou o longo caminho de volta.

Com o risco de infarto afastado, a estratégia foi retardar a cirurgia, e apostar nos avanços da farmacologia.

Numa explicação simples, a equipe optou por ministrar uma série de medicamentos para fazer o meu coração ter que trabalhar menos — ainda lutava contra um percentual ingrato.

Mas as grandes tempestades demoram a passar.

Do mesmo tamanho das pílulas é a evolução do caso: em pequenas doses, com paciência e resignação. Na mesma receita, seis, sete medicamentos por dia: para ajudar o rim, melhorar a circulação, controlar a pressão. A descrição dos remédios está sempre ao alcance da compreensão; já a bula da mudança de vida, essa é uma incógnita diária.

Como voltar para a escola para aprender a ler e escrever, a semiótica da vida carece de muitos signos, símbolos e, via de regra, poucos sinais.

Para completar o descompasso do coração, a vida profissional seguiu pelo mesmo caminho. A carreira consolidada de quase quarenta anos deu lugar a um salto profundo e longo no penhasco das incertezas. Com o lançamento de um portal de notícias relacionado à questão do coração, ciência, tecnologia, poesia e músic. Não era apenas um mergulho, foi ainda mais perigoso e arriscado. Com o coração em frangalhos, me lancei no mundo da política como candidato a vereador.

Falta de coração e de bom senso... (risos).

Foram dias, semanas e meses que "quase" me deram a certeza de que poderia morrer de qualquer doença, menos vítima de uma parada cardíaca.

Sob sol escaldante, fiz enormes caminhadas, panfletagens e encontros. De vez em quando ele dava um aviso, e na medição do relógio de pulso disparava para 130, 140 batimentos por minuto — era a deixa para desacelerar a busca maluca pelos votos.

Entre uma carreata e outra, atenção — aos exames! E os inseparáveis colegas remedinhos começaram a fazer efeito. Dos dezoito, subiu para um pouco mais de vinte, e depois para um pouco mais.

Hoje, está congelado em 36% de função cardíaca, o dobro de quando esta história começou.

O que se aprende com um enredo destes?

Fico aqui, ao olhar as estantes pesadas da minha leitura — quase tudo de Gabriel García Márquez, uns bons pedaços de Vargas Llosa, Drummond e tantos outros — para colecionar adjetivos que expliquem o que passa entre o corpo e a alma.

A palavra resiliência, usada e repetida aos ventos, é muito maior e abrangente do que se imagina. É uma conquista diária, uma escada de degraus infinitos — um pouco a cada dia!

Ninguém nasce com o dom da resiliência. Cada dia de sofrimento e perda ajuda na modelagem de uma personalidade pronta para enfrentar situações adversas e transformá-las num momento de aprendizado.

Foi isso que meu coração me ensinou, e continua me adestrando ao longo dos dias. O tamanho do fantasma e o quanto ele pode assustar, é você que decide nesta jornada em busca da reinvenção.

A bicicleta com os pneus murchos e carcomida pela ferrugem está largada num canto do quintal, a touca e os óculos de natação, perdidos numa gaveta qualquer. Com o tempo, o sonho de fazer uma prova de *IRONMAN* adormeceu em alguma prateleira da esperança.

Hoje, agradeço a Deus por me colocar diante de um desafio muito maior.

O *IRONMAN* da vida é muito mais desafiador.

Maria Goreti

@mariagoretiabreualm_oficial

@mariagoreti3096

O CORAÇÃO DA PSICOTERAPIA TRANSCENDENTAL É, E SEMPRE SERÁ, O AMOR INCONDICIONAL — AMAR É UM ATO DE TRANSCENDÊNCIA.

Sou Maria Goreti, mulher, mãe, avó, psicóloga e eterna aprendiz da alma humana. Carrego em mim cicatrizes que se tornaram sementes de cura. Minha história é marcada por superações, encontros espirituais e uma fé inabalável na capacidade de renascer.

Ao longo da minha jornada, transformei dor em ferramenta, silêncio em voz e criei a *Psicoterapia Transcendental*, um caminho de cura baseado na tríade: gratidão, perdão e amor.

Acredito que todos temos uma luz interior que, quando acolhida, nos guia para uma vida mais consciente, amorosa e plena.

Escrevo este capítulo como testemunho de que é possível transformar sombra em luz e de que cada ser humano é capaz de acessar sua própria cura.

Acesse o QR code ao lado:
conheça mais sobre a autora e escritora Maria Goreti e seus projetos.

20

UMA VIDA ENTRE A LUZ E A SOMBRA

Por Maria Goreti

Nasci em um lar onde a pobreza não era apenas uma condição, era a moldura da nossa existência. Éramos sete irmãos, filhos de um pai aprendiz de mecânico e uma mãe costureira. A vida era dura. Dura o suficiente para que, antes mesmo de entender o que era infância, eu já vendesse de porta em porta as roupas que minha mãe costurava, enquanto meu irmão Carlinhos pedia lavagem para alimentar os porcos.

Ainda criança, tornei-me responsável por cuidar dos meus irmãos mais novos, realizar as tarefas da casa e estudar. Cresci sob cobranças severas. As punições vinham quando eu não atendia às expectativas da minha mãe, duras, físicas, marcantes — essas dores, que um dia me silenciaram, hoje se tornaram parte do meu processo de cura.

Minha sensibilidade espiritual floresceu cedo, aos 10 anos, em um dos episódios mais dolorosos da minha vida. Duas horas antes da morte do meu irmão Paulinho, fui tomada por um mal-estar inexplicável. Naquela noite, tive um sonho vívido, intenso: um velório em nossa pequena sala, um caixão sobre a mesa, pessoas chorando, e o padre da nossa paróquia ao lado do meu pai — eu sabia que ali estava um dos meus irmãos, mas não conseguia ver quem.

Na manhã do dia 29 de junho, acordei sem forças. Minha mãe achou que eu estivesse doente. Enquanto ela preparava o almoço, fiquei deitada, absorvendo aquele peso, ainda sem compreender o que sentia. Até que Paulinho entrou no quarto com uma goiaba colhida por ele. Brincou, sorriu, beijou meu rosto. Aquela goiaba, aquele gesto, me devolveu a força.

Momentos depois, ele, Carlinhos e Regina foram ao barranco buscar barro, uma tarefa cotidiana.

Eu estava lavando a louça quando senti algo. Fui até o quintal, onde encontrei minha mãe olhando para o barranco... que desabava.

O barro engoliu meus irmãos. Carlinhos foi socorrido com o corpo quase todo submerso. Regina sobreviveu, mas passou meses em coma e sofreu 32 fraturas. Paulinho foi o último a ser encontrado. Óbito: 13h48.

O que parecia um pesadelo tornou-se o início de uma jornada espiritual profunda. A partir daquele dia, sonhos, visões e vozes passaram a fazer parte da minha vida. Passei a ser chamada de "vidente" por vizinhos e conhecidos. E, embora eu não compreendesse tudo o que acontecia, sentia-me amparada por uma energia amorosa que chamei de "meus amigos espirituais".

Aos 16 anos, já trabalhava como auxiliar de escritório e ganhava mais que meu pai. Mas em casa, o sofrimento continuava. Minha mãe me agredia com frequência e, em busca de liberdade, me casei ainda jovem, esperando que o casamento fosse minha salvação. Não foi.

Descobri, com o tempo, comportamentos sombrios no meu marido: assédio, infidelidades, abuso. A ferida mais profunda foi saber do abuso cometido contra nossa filha ainda pequena. O golpe mais cruel: ele teve um filho com minha irmã, a mesma que sobreviveu ao deslizamento de terra. A criança faleceu aos 2 anos e 8 meses.

Ao mesmo tempo em que meu mundo ruía, encontrei forças na psicologia. Fiz faculdade, busquei tratamento e fui me reconstruindo. Quando me formei, tive coragem de pedir proteção judicial.

Após 17 anos de casamento, ele foi obrigado a deixar nossa casa em menos de 24 horas. Mais tarde, ele foi diagnosticado com HIV e, ironicamente, foi sob meus cuidados que ele passou seus últimos dias. Antes de morrer, pediu perdão.

Toda essa dor tornou-se minha força.

Participei de um curso transformador na Suíça: *Zwischen Licht und Schatten — "Entre a Luz e a Sombra"*. Ali compreendi que nossa luz interior se apaga quando vivemos em ingratidão. A jornada do autoconhecimento me mostrou que minhas experiências espirituais não eram anomalias, mas dons a serem lapidados. Passei a acolher minha sensibilidade, transformando-a em ferramenta de cura.

A jornada da Psicoterapia Transcendental.

Minha técnica nasceu... de um chamado. Um chamado que não veio dos livros, nem da ciência, nem da razão. Manifestou-se antes mesmo que eu compreendesse seu verdadeiro significado. Surgiu através de *insights*, visões, intuições... como se uma força invisível e amorosa sussurrasse ao meu ouvido os caminhos que eu deveria trilhar. E hoje, com a mais profunda humildade, eu reconheço: eu jamais estive só — estive, e sigo estando, acompanhada por seres de luz. Por uma energia transcendental que, assim como me guiou, também se faz presente para todos aqueles que escolhem viver na autenticidade, na luz e no amor.

Ao longo da minha trajetória, percebi que aquela sabedoria que brotava de dentro de mim, espontaneamente, mais tarde encontraria respaldo nas mais nobres linhas da psicologia. A Psicoterapia Transcendental, embora nascida da minha própria vivência espiritual e humana, tem uma base científica sólida: ancora-se nos pilares da psicologia humanista, existencial e fenomenológica, linhas que honram a subjetividade, a consciência e a potência do *Ser*.

O cerne do método é claro: desenvolver a autonomia plena do indivíduo. Levar o Ser ao encontro do seu verdadeiro Poder Pessoal. Um poder que existe além dos códigos limitantes, além das crenças que, silenciosamente, moldam e aprisionam nossa mente, seja no inconsciente pessoal, seja no inconsciente coletivo.

Ao acessar esse campo transcendental, aprendemos a nos tornar um polo de captação de energias conscientes, positivas e alinhadas com aquilo que nos fortalece. Aprendemos a cuidar de nós mesmos em todas as dimensões: mental, emocional, física, espiritual e cósmica.

Passamos a compreender que somos, sim, cocriadores da nossa própria realidade e que os nossos desejos mais puros nascem, naturalmente, da nossa conexão direta com a fonte criadora, com esse Universo do qual somos parte viva e sagrada.

E quando essa consciência se expande... algo grandioso acontece. Nossa essência se mantém abençoada, blindada, protegida, não importam as circunstâncias externas. Porque, quando temos em mãos uma ferramenta como essa, compreendemos que somos inteiramente capazes de materializar nossos projetos, nossos sonhos e de viver uma vida alinhada ao propósito da nossa alma.

O coração da Psicoterapia Transcendental é, e sempre será, o Amor Incondicional — amar é um ato de transcendência. Não é à toa que, desde os povos antigos até os poetas da atualidade, é o coração e não a mente, que é visto como o templo das emoções. Ninguém jamais escreveu: "Você mora dentro do meu cérebro." Porque seria estranho, frio, sem vida. É no coração que sentimos pulsar a energia mais poderosa que existe: a capacidade de amar, perdoar e ser grato.

E é exatamente isso que nos torna humanos, plenos, livres.

A Psicoterapia Transcendental é para todos. Para aqueles que escolheram viver aqui na Terra com consciência. Para aqueles que, mesmo feridos, desejam se curar. Para aqueles que sentem que há um sentido maior em existir, e que estão prontos para transcender suas dores, suas limitações e acessar uma vida onde a luz é protagonista.

Este é, essencialmente, um caminho de renascimento. Um portal onde deixamos para trás as amarras da existência limitada para acessarmos um mundo interno divino, pleno de consciência, amor e luz, guiado por um Sistema Cósmico que nunca deixou de cuidar de nós.

Através dessa técnica, aprendemos a não temer as nossas sombras. A olhar, de frente, para tudo aquilo que um dia evitamos sentir. Como dizia Carl Gustav Jung, com quem tanto me conecto:

"Ninguém se ilumina fantasiando figuras de luz, mas sim tornando consciente a própria escuridão."

Abraçar nossa dor é, sim, o caminho mais poderoso e magnânimo da cura. E foi assim, de forma absolutamente natural, guiada pela espiritualidade e pela ciência da alma, que nasceu a Psicoterapia Transcendental. Uma técnica que tem como pilares três forças capazes de transformar qualquer vida: **gratidão**, **perdão** e **amor**.

Uma metodologia que enxerga o ser humano em sua totalidade: físico, emocional, mental, espiritual e transcendental.

Hoje, depois de mais de 33 anos de atuação clínica, carrego a honra de ser psicóloga, mestre na minha área, autora e criadora de uma técnica que já transformou centenas — talvez milhares — de vidas. E fui agraciada com o reconhecimento da cidade que escolhi para viver, recebendo com imensa gratidão o Título de Cidadã Campineira.

Sou mãe de filhos que me enchem de orgulho. Sou avó do encantador Mateus Miguel e da doce Ayla, que são a extensão viva do meu amor e do meu legado.

Transformei a dor em cura. Transformei o passado em propósito. Transformei minha sombra... *em luz.*

MEIRE SANTOS

@meiresantoscabelos

> **MEU PROPÓSITO É TRANSFORMAR NÃO APENAS A APARÊNCIA, MAS O INTERIOR DE CADA MULHER QUE PASSA POR MINHAS MÃOS.**

Sou Meire Santos, mulher curada pelo amor de Deus e fortalecida por uma fé que me sustenta. Perdi minha mãe aos 6 anos e cresci distante do amor, mas em Jesus aprendi que o amor pode ser vivido e multiplicado, mesmo por quem foi ferida. Vivi um casamento que me anulou, mas após o divórcio, Deus me reergueu. Hoje sou mãe de duas filhas, cabeleireira e terapeuta cristã, cuidando de mulheres além da beleza, oferecendo acolhimento e fé.

Minha jornada é marcada por processos de cura, e entendi que a cura é um caminho, não um destino. Participo deste livro para dizer que existe vida após o abandono e que Deus restaura nossa essência. Quero inspirar mulheres a não desistirem de si, a entenderem que são amadas e podem recomeçar com fé e coragem.

Meu sonho é viajar compartilhando minha história, cuidando de mulheres e lembrando-as que o grande amor da vida delas são elas mesmas. Sou Meire, filha de Deus, sobrevivente e mulher em reconstrução.

Acesse o QR code ao lado:
conheça mais sobre a autora e escritora Meire Santos e seus projetos.

21

UMA MULHER QUE CRESCEU E SE TRANSFORMOU MEDIANTE AS ADVERSIDADES

Por Meire Santos

Eu sou Meire Santos. Serva de Deus, empreendedora da beleza, terapeuta cristã, mãe da Thais e da Stefany. Mulher com um grande propósito de Deus — ajudar mulheres a olharem para suas dores com a visão de amor que Jesus Cristo olhou para nós.

No dia 8 de novembro de 2020, minha vida mudou para sempre. Não foi apenas um episódio de violência com a mulher que eu era até ali, foi um rompimento profundo. Aquela manhã parecia comum, como tantas outras. Preparei o café, organizei a casa, cumpri com meus afazeres, sem imaginar que dali a algumas horas tudo viraria de cabeça para baixo. À tarde, palavras se transformaram em gritos e, em poucos instantes, os gritos se tornaram agressões. Foi um instante — mas a marca ficou para sempre.

O alcoolismo não tratado por parte de nossos maridos destrói vidas, mata sonhos, traz sombras sobre os filhos. Por vezes, achamos que podemos mudar aquela pessoa com nossas orações, com nosso amor, com paciência. Muitas vezes, achamos que é nossa responsabilidade salvá-los. Mas hoje, sendo terapeuta, sei que o alcoolismo é só a ponta de muitos outros problemas de um sistema familiar não curado. A dependência é a superfície de uma dor muito mais antiga e profunda — uma dor que contamina todos ao redor.

Senti medo, senti a solidão. Senti a ferida não só fisicamente, mas emocionalmente. Minha confiança em minha dignidade e no meu valor como mulher ficou abalada. A dor não se curou no silêncio. Pelo contrário: ela gritava em mim todos os dias. Eu sorria por fora, mas por dentro eu sangrava. Era como se tivesse perdido a cor da vida. Eu me via em pedaços, tentando seguir com uma rotina que não fazia mais sentido.

E a violência sofrida não terminava com o fim do ato. Ela ecoava nas noites sem dormir, nos olhares desconfiados, nas lágrimas escondidas. A vergonha se misturava à dor, e o medo se tornava companhia constante. Eu havia sobrevivido, mas estava despedaçada. E, se a violência não bastasse, ela deixou traumas. Devido a tudo isso, minha filha adoeceu gravemente. Ver a minha filha doente foi, talvez, a maior dor de todas. A impotência de não conseguir protegê-la me rasgava por dentro.

Como suportar o sofrimento dela se eu mesma não conseguia respirar de tanta dor? Eu me vi entre dois abismos. O trauma me paralisava, e a necessidade de ser forte por ela me empurrava. Não havia mais chão. Só havia um lugar para olhar: para cima. Ergui meus olhos para Deus. Não porque tinha fé naquele momento, mas porque não tinha mais nada. Era isso ou desistir. E eu escolhi clamar. Mesmo sem palavras, com a alma em ruínas, eu clamei.

Em meio a tudo isso, assinei um divórcio sem saber ao certo de que eu estava abrindo mão. Me sentia em pedaços. Sem dinheiro, sem apoio, apenas com minhas filhas e minha fé, comecei uma grande jornada de me conhecer, me amar, buscar entendimento sobre o amor de Deus por mim, reencontrar alegria, vontade de viver e esperança. Eu não tinha muitas respostas, mas tinha uma certeza: não queria mais viver em silêncio.

Na minha cura, e na cura da minha filha, me entreguei verdadeiramente aos braços de Jesus Cristo. Apliquei a oração e a ação. Chorei muitas vezes no chão do meu quarto. Falei com Deus como nunca havia falado antes. A cura não foi instantânea, mas, a cada passo de fé e cada lágrima derramada em oração, eu me reencontrava. Deus começou, aos poucos, a me restaurar. Não apenas o meu coração, mas a minha identidade. Descobri que eu não era a dor que sofri. Descobri que ainda havia beleza em mim. A dor foi transformada em propósito.

Nasceu, assim, o desejo de ajudar mulheres a se encontrarem também. Comecei ouvindo histórias, estendendo a mão, acolhendo quem chegava. Foi então que nasceu meu estúdio de beleza. Mais do que um espaço de beleza, ele é um refúgio de cuidado e acolhimento. Ali, mulheres são tratadas com carinho, escutadas com atenção e tocadas com amor. Cada atendimento é um momento de conexão. Entre escovas, colorações e tratamentos, há espaço para conversas profundas, para orações, para sorrisos sinceros. Porque eu sei: muitas ali carregam dores escondidas, marcas que não se veem, mas que gritam por dentro. E eu estou ali, não só como profissional, mas como mulher que entende.

Hoje, meu propósito é transformar não apenas a aparência, mas o interior de cada mulher que passa por minhas mãos. Falo sobre autoestima, saúde emocional e cura. Muitas chegam cabisbaixas e saem com brilho nos olhos. Outras, apenas precisam de silêncio e uma escuta acolhedora. A mulher que antes sentia vergonha da sua história agora compartilha com coragem, para que outras saibam que não estão sozinhas. Porque o silêncio aprisiona, mas o amor liberta. E se Deus restaurou a minha vida, Ele também pode restaurar a de qualquer mulher disposta a recomeçar.

PAULA PAZ

@apaula_paz

@paulapaz7601

(19) 99291-7562

QUANDO A MULHER ENTENDE QUEM ELA É, NADA MAIS A PARALISA.

Mulher de fé, mãe e empreendedora, superou dores profundas e recomeçou do zero. Sua história é marcada por coragem, resiliência e uma fé inabalável em Deus.

Transformou inseguranças em força, e hoje inspira outras mulheres a acreditarem em si mesmas. Referência no mercado de seguros, consórcios e planos de saúde, lidera com propósito e acolhimento. Seu trabalho vai além da profissão: é um chamado. Sua missão é provar que é possível recomeçar com dignidade, ser livre e viver uma vida com propósito, mesmo depois de tocar o fundo do poço.

Acesse o QR code ao lado:
conheça mais sobre a autora e escritora Paula Paz e seus projetos.

22 DAS CINZAS À LUZ

Por Paula Paz

Você já se sentiu invisível? Já se olhou no espelho e perguntou: "Quem sou eu agora?"

Eu já. E posso te garantir: essa não é a sua última versão.

A vida não começou me aplaudindo. Ela começou me treinando.

Cresci em uma casa com limites claros, regras firmes e uma rotina bem definida. Não faltava amor, mas também não sobrava tempo para sonhar alto demais. E mesmo assim, eu sonhava. Sonhava com algo grande, mesmo sem saber o quê.

Enquanto outras meninas brincavam de boneca, eu me interessava pelo grampeador. Era como se, mesmo sem entender, algo dentro de mim já buscasse o meu propósito.

Mas sabe o que aprendi com Deus ao longo dos anos? Nem todo propósito começa brilhando. Às vezes, ele começa no silêncio. No escondido. No ordinário.

A adolescência chegou. Com ela, uma vontade insaciável de ser amada. Me envolvi com pessoas erradas. Fiz escolhas que hoje não faria.

Mas sabe de uma coisa? Mesmo quando andamos por caminhos tortos, Deus não nos perde de vista. Ele me guardou. Ele viu a mulher que eu ainda seria, mesmo quando eu não conseguia enxergar nada em mim.

Ainda jovem, me tornei mãe. O julgamento veio. A vergonha quase me paralisou. Mas o amor... ah, o amor daquele pequeno ser me deu força.

Quando uma mulher se torna mãe, nasce junto uma coragem que ela nem sabia que tinha. Eu continuei. E foi ali que comecei a descobrir do que eu era feita.

Talvez você esteja lendo isso agora com o coração apertado. Talvez você também já tenha se sentido pequena demais. Mas deixa eu te dizer com toda autoridade de quem já esteve no chão: Deus não chama as capacitadas. Ele capacita as que dizem "sim" mesmo com medo.

Eu disse sim. Mesmo após ter sido rejeitada, traída, silenciada. Após ter vivido um relacionamento que me deixou em pedaços. Eu disse sim a Deus.

Chorei muitas vezes no chão do meu quarto, abraçada a um travesseiro e a uma oração. Mas foi ali, no pó, que Deus começou a me levantar.

E então surgiu uma oportunidade de trabalhar em uma grande empresa. Era o que eu tinha orado, sonhado, mas eu não consegui permanecer.

Por quê? Porque eu achava que não era capaz. Mesmo com minha gerente enxergando potencial em mim, eu não conseguia ver. A insegurança falava mais alto. E eu pedi demissão.

Ali, entendi que o maior inimigo da mulher às vezes não está fora... está dentro. Era a minha própria mente me dizendo que eu não era suficiente.

Mas Deus... Deus não desistiu de mim. E mesmo sem entender, eu continuei. Recomecei do zero, com medo, mas com fé.

O mercado de seguros apareceu como resposta. E, com o celular na mão e o coração nas promessas de Deus, eu fui. Errando, tentando, aprendendo, vencendo.

E hoje eu posso te dizer com toda certeza: eu sou prova viva de que o que Deus começa, Ele termina. Que o que Ele promete, Ele cumpre.

Você também pode. Basta dizer: "Deus, eu *tô* com medo, mas eu vou." E Ele vai com você. Sempre foi. Sempre vai estar.

E sabe o que mais? Deus não apenas me reergueu. Ele me estabeleceu.

Hoje, vivo o que um dia só existia no campo da fé. Viajei o mundo. Conheci culturas, lugares, pessoas que jamais imaginei alcançar.

Moro com conforto, dignidade e paz. Minha casa tem a minha essência. Já estive em países que, um dia, eu só via pela televisão. E, em cada lugar, eu carregava comigo o propósito: mostrar que é possível vencer sendo mulher, sendo mãe, sendo de Deus.

Tudo o que conquistei veio da graça, da persistência e da coragem de não desistir de mim. E hoje, sei que minha história não é só minha. Ela é um chamado.

Foi por isso que nasceu a jornada Vivendo de Seguros. Uma missão para ajudar outras mulheres que, assim como eu um dia, estão em silêncio... mas prontas para florescer.

Na *Redecorr*, ensinamos mais do que seguros. Ensinamos a proteger o que ninguém vê: o sonho. A fé. A mulher que existe por trás das contas e das dores. E se você está lendo essas linhas e sentiu algo se acendendo aí dentro... é porque já está na hora de escrever a sua própria história de vitória também.

Você não está sozinha. E nunca mais estará.

Mas sabe... eu achava que já tinha vivido minha maior virada de chave. Até que Deus me chamou para algo ainda mais profundo: me reconhecer.

Não como mãe. Não como empresária. Não como quem venceu. Mas como filha. Filha amada. Escolhida. Separada.

Foi nesse lugar secreto, onde o barulho do mundo não chega, que eu entendi que o maior propósito não está em "fazer", e sim em "ser". E antes de qualquer conquista, *status* ou missão... Deus queria apenas a minha presença.

Por muitos anos, corri atrás de provar meu valor. De ser boa o suficiente. De merecer. E, em silêncio, carregava um peso que Ele nunca me pediu para carregar.

Até que um dia, enquanto orava, senti o Espírito Santo me dizer: "Filha, você não precisa fazer tanto para ser amada. Você já é."

Essa frase mexeu com tudo dentro de mim. Porque o mundo ensina que só somos aceitas se formos fortes, bem-sucedidas, controladas, produtivas. Mas o Reino ensina que a graça é o que nos sustenta, e não o desempenho.

Foi aí que minha mente começou a ser renovada. Entendi que não sou definida pelas minhas quedas, nem pelos meus acertos. Sou definida por quem me criou. E Ele diz que sou mais que vencedora.

A partir disso, algo dentro de mim se expandiu. Eu já não buscava mais só vencer na vida, agora eu queria viver com propósito, com leveza, com identidade firmada no céu.

E quando a mulher entende quem ela é, nada mais a paralisa.

A *Redecorr* cresceu. A missão "Vivendo de Seguros" ganhou forma. Mulheres começaram a chegar e, com elas, suas histórias, suas dores, seus recomeços. E cada uma me lembrava do porquê de tudo isso ter começado: para revelar o que há de invisível dentro de nós.

Deus me tirou do pó, não apenas para me levantar, mas para me usar como sinal de que é possível. Que dá para viver da fé, com dignidade. Que dá para prosperar sendo honesta. Que dá para empreender sem abdicar da alma.

Hoje, quando olho ao redor, vejo frutos. Vejo mulheres se libertando, florescendo, recomeçando. E mais do que isso: vejo um exército se levantando. Mulheres comuns, com histórias reais, sendo tocadas por uma verdade eterna: Deus ainda escreve histórias lindas com vidas que dizem sim.

E se você leu até aqui, saiba: essa é a sua hora. Você não precisa estar pronta. Só precisa estar disposta. Porque o céu não espera perfeição. O céu responde à fé.

Simplesmente diga: "Senhor, eis-me aqui."

E então, prepare-se.

Porque das cinzas... nasce a luz.

Poliana Batista Thomaz

@pollytista

@espacotempodecrianca

A PERGUNTA FEITA AQUI É: ONDE ESTÃO OS OLHOS DE ÁGUIA DAS NOVAS GERAÇÕES?

"

Poliana Batista Thomaz acredita muito no potencial da educação e está desenvolvendo um podcast com orientações importantes para crianças e adolescentes. Na participação do livro *Olhos de Águia*, conta mais sobre o projeto e promove discussões sobre a validade das escolhas e limites para esse público: *"Sou apaixonada pela educação e, desde muito menina, dava aulas para os vasos da minha casa. Cresci com vontade de fazer a diferença, me formei em Pedagogia e Letras, cursando também o Mestrado, utilizando o jogo Cilada. Hoje trabalho com crianças de 4 anos, acompanho adolescentes em suas necessidades em um clube de futebol e dou consultorias em clínicas de atendimento psicopedagógico como o TEAbilita. Construir um universo amplo e complexo da educação é abrir portas para o desenvolvimento, a criatividade e a sabedoria. A construção do podcast nasceu dessa vontade de motivar as novas gerações, mostrando que elas podem ainda mais. Que todos são capazes de aprender e que, para tal, é preciso ter coragem, alvo, perspectiva e empenho."*

Acesse o QR code ao lado:
conheça mais sobre a autora e escritora Poliana Batista Thomaz e seus projetos.

23

O NASCIMENTO DO PODCAST "POD EDUCAR?". DISCUSSÕES ACERCA DE UMA GERAÇÃO IMEDIATISTA E SEM LIMITES

Por Poliana Batista Thomaz

Onde estão os olhos de águia dessa geração?

Era uma tarde de domingo, a família estava reunida na sala, prontos para começarem uma partida de jogos de pinos, quando aquele jovem mantinha os olhos fixos em sua tela de celular. Dedos mexiam para cima e para baixo, seguindo o movimento das imagens coloridas, com grande luz e efeitos. Nuca curvada, cabeça abaixada, postura empenhada em ver o que aquele equipamento continha de mais interessante e chamativo do que as situações ao seu redor. Tudo parecia parar, o tempo parecia não acontecer, e para aquele jovem, apenas a máquina era importante. A família seguia demonstrando interesse em realizar o jogo, porém, não tinham ousadia de iniciá-lo, uma vez que o jovem não tirava os olhos do celular.

Uma cena bastante comum entre os lares de hoje em dia, não somente entre crianças e jovens, mas também com os adultos, normalmente entregues às postagens das redes sociais, às novidades dos *feeds* e vídeos curtos, às curiosidades do meio artístico e às *trends* do momento. E o que essa realidade nos revela? Estamos realmente cada vez mais distantes uns dos outros, em função de um equipamento? Será que as gerações atuais estão sendo comandadas por ações sem limites, por movimentos sem orientações, em uma cadeia de repetições e atenções roubadas? Com todas essas inquietudes e muitos questionamentos, nasce um lindo projeto de busca por entendimento e estudo, sobre como as novas gerações estão vivenciando o cenário atual, em meio à tecnologia e muitos estímulos. Nasce o "POD Educar?"!

Será que não é o momento de olharmos para as nossas casas, nossos ambientes de convívio e resgatar regras, condutas, normas, limites e direcionamento de escolhas? Hoje, as crianças e os jovens podem tudo? Devemos continuar liberando toda e qualquer ação sem repensar em prejuízos? Assim, discussões são promovidas para conseguirmos olhar para essa nova geração; na tentativa de motivá-los, promovendo um alcance de suas habilidades e um objetivo concreto na vida, como um alvo a ser atingido, igualmente aos olhos da águia, animal que sabe o que quer, e direciona sua força e sua energia para um único fim.

Uma das temáticas que será abordada nos episódios é sobre o direcionamento de escolhas. Neurologicamente falando, quando um cérebro está em formação, a possibilidade de escolher algo gera novas conexões e amplia gradativamente o potencial de raciocínio lógico e de busca por novas ações. Desse modo, nossa defesa é que sim, podemos promover situações de escolhas tanto para as crianças quanto para os adolescentes. A discussão aqui é, quais escolhas vamos promover a um cérebro que está se formando? Um leque enorme de possibilidades irá casar com esse desenvolvimento? Entendemos que é possível instigar escolhas, desde que as opções tenham sido previamente selecionadas por um adulto. Exemplo: quero que o meu filho escolha a cor de sua camiseta para se vestir. Não pergunto: "Qual cor você quer?", e sim, previamente, ofereço três opções: verde, azul ou roxo. A pergunta aqui se modifica: "Dentre essas três opções, qual você quer?" Percebam que, ao fazer isso, você promove o limite, ao selecionar opções que eram possíveis, mantendo a objetividade da escolha. A criança e o jovem conseguem ter a sensação de que escolheram, guiados por alternativas concretas e viáveis para esse objetivo: escolher uma roupa para se vestir. Aqui foi um exemplo corriqueiro, mas se fizermos a analogia a uma situação mais ampla e complexa, entenderemos que, a longo prazo, você determinará bons caminhos a serem escolhidos e não furtará o exercício do discernimento da criança ou do adolescente, algo tão fundamental ao longo da vida. As novas gerações estão vindo com experiências diferenciadas, e muitos desses jovens podem não ter tido o exercício da escolha, deparando-se com situações complicadas, não sabendo resolvê-las ou escolhendo alternativas equivocadas, que podem resultar futuramente em algo controverso às suas formações de carreiras, profissionais e até mesmo, pessoais.

A pergunta feita aqui é: onde estão os olhos de águia das novas gerações? Conforme descrito anteriormente, a águia é um animal que avalia o seu alvo e busca atingi-lo com uma estratégia de caça. Quando não exercitamos com uma criança a autonomia e a escolha, o objetivo se modifica e dificilmente essa criança irá atingir o seu alvo. Nos deparamos com adultos indecisos, sem ousadia de escolha e apoiados em opções alheias, com baixa resiliência às frustrações. Na Educação Infantil já é possível trabalhar intensidade de escolhas, ao promover atividades que, adequadamente a cada faixa etária, possam estimular experiências concretas, visuais, sensoriais e com autonomia, buscando aprimorar constantemente as tomadas de decisões e envolvimento promissor. Ao desenvolvermos habilidades consistentes nas crianças, estamos enxergando atitudes sólidas, precisas e seguras, abrindo os caminhos necessários para a construção de mentes focadas, palpáveis, que não permanecem apenas no campo abstrato e inatingíveis. Trabalhar autonomia em uma criança é compreender que a cada etapa vivida, mais se alcança de pequenas atitudes realizadas, sempre com a supervisão necessária, olhando para o que ela já é capaz de fazer.

Outro caminho interessante na construção da autonomia da criança é a rotina de estudos com estratégias de como estudar. Acaba sendo um grande dilema em quase todas as residências com crianças, o momento de retomar conteúdos para uma avaliativa. O que muitos não consideram é que estudar é diário, somos de uma geração de estudos apenas quando tínhamos prova na escola. Ao ensinarmos aos nossos jovens que o cérebro funciona quando ativamos conexões neurais e que esses estímulos ocorrem quando exercitamos nossos pensamentos, os conteúdos da escola, as informações de uma aula, as pesquisas feitas e sucessivamente, quase todas as ações sejam elas na escola ou fora dela, estamos construindo um arsenal de possibilidades, nos mantendo atentos às informações. O como estudar também é uma condição fundamental, pois há ferramentas que propiciam uma melhor assimilação de ideias e dados, como, por exemplo, a realização de um mapa mental (conexões de conhecimentos), que pode fazer com que o aluno retenha conteúdos específicos, correlacionando datas, números e fatos. Outros procedimentos também podem ampliar esse campo de estudo, como, por exemplo, a lista de tarefas e dados. Esse é um recurso utilizado em algumas escolas, que organiza elementos, ordenando-os em um ou mais critérios de classificação. Isso pode favorecer o aprendizado, dando ao cérebro do estudante uma organização e visualização desses dados.

Mas, se estamos falando de uma geração sem limites, conectada apenas aos celulares e sem motivação para construir novos caminhos, como promover os estudos e "convencê-los" de que essas estratégias podem facilitar o desenvolvimento e o aprimoramento? Uma questão bastante complexa e atual, que o "POD Educar?" discutirá, apresentando uma especialista no trato de adolescentes (ainda surpresa para os seguidores), que complementará esse universo, mostrando que a palavra limite é a solução para muitas situações vivenciadas. Ao impor limites, estamos dizendo às crianças e aos jovens que as situações ocorrem dentro de regras e condutas, que todo espaço e ambientação possui uma norma, e cumprir leis e regulamentos nos transformam em cidadãos conscientes de seus direitos e deveres. Tanto em ambientes escolares quanto fora deles, as crianças precisam perceber o que rege aquele lugar, que eles estão em formação e que, para tanto, estão em uma linha de aprendizagem.

Desse modo, dar limites é um ato de coragem e de compromisso, formando uma pessoa frente a uma sociedade em transformação. Consolidando aspectos relevantes e valores éticos como empatia, justiça, honestidade e moral. Afinal, onde estão os olhos de águia dessa geração? Possivelmente, em trajetórias que temos compartilhado no "POD Educar?", sempre em busca de respostas para este grande dilema. Que nosso olhar se volte para cada criança e adolescente, fornecendo a eles ferramentas para que se desenvolvam nesse caminhar, alcançando uma formação concreta, assertiva e sólida, agindo em momentos de necessidade — semelhante à águia, alçando grandes voos.

Roberta Martins

@rofernandesterapias

HOJE, DEPOIS QUE EU APRENDI, DE VERDADE, A OUVIR ELE, FIZ DO MEU TRABALHO A MINHA MISSÃO DE VIDA.

Eu sou Roberta Martins, Terapeuta, Psicanalista Clínica e Psicoterapeuta em Intervenção em Crises e Prevenção do Suicídio. Atuo voltada à reconexão entre corpo, mente e alma.

Sou idealizadora da *Amorterapia*, onde uno Neurociência, PNL, Constelação Familiar e Espiritualidade no tratamento de dores emocionais profundas e traumas silenciosos. Atendo pacientes ao redor do mundo, promovendo acolhimento, equilíbrio e recomeços. Ofereço suporte especializado e humano a pessoas em sofrimento psíquico intenso, incluindo aquelas que enfrentam pensamentos suicidas, ajudando-as a reencontrar sentido, pertencimento e fé na vida.

Minha missão é ser ponte entre a dor e a cura. Neste livro, compartilho uma história real de superação e fé, com a coragem de quem viveu a dor, atravessou a escuridão e escolheu transformar minha história em luz para outras vidas.

Acesse o QR code ao lado:
conheça mais sobre a autora e escritora Roberta Martins e seus projetos.

24

RECOMECE: MINHA VIDA SE TRANSFORMANDO EM MISSÃO PARA CURAR VIDAS

Por Roberta Martins

Nasci de um amor corajoso — filhos de pais imigrantes que chegaram ao Brasil fugindo de guerras, um casal se conhece nas ruas de São Paulo. Namoram, casam e, poucos meses depois, minha mãe engravida do meu irmão. Com o tempo necessário para que meu pai conseguisse encontrar um bom emprego, eles decidem por uma mudança.

De São Paulo para Campinas, grávidos de mim, *(re)começam* a busca pelo que acreditavam ser o certo. Juntos, desenham o retrato da perfeição desejada em um lar. Éramos chamados de "Família de Ouro."

Minha infância foi linda e tudo levava a crer que seríamos sempre a família perfeita, mas o que estava reservado para nós seria algo que todos jamais imaginariam.

Ano de 1988, meu irmão inicia o cursinho pré-vestibular, onde conheceria alguém — um amigo — que seria o pivô de vários acontecimentos que mudariam tudo na paz da nossa família.Aqui, antes de continuar, preciso voltar no tempo para vocês entenderem uma parte dessa história que começava a se desenhar — um detalhe na vida do meu pai, quando jovem, que fará todo sentido para vocês entenderem o que estaria por acontecer.

Antes mesmo de conhecer minha mãe, meu pai, ainda jovem, se preparava para deixar o Brasil. Faltando apenas a passagem para embarcar no sonho de ir para os Estados Unidos da América (EUA), a guerra do Vietnã o impede de dar continuidade ao sonho. O medo de chegar lá e ser levado para o combate o fez desistir, mas não tirou a intenção de um dia realizar esse sonho. Ficaria "a brasinha" contida desse projeto que, até hoje, aos 82 anos, ele ainda imagina e sonha como teria sido se tivesse conseguido.

De volta onde paramos, recomeçando do cursinho e do amigo que seria o pivô de muitas coisas. Naquele ano, meu irmão faz da nossa casa a casa desse amigo e, nas visitas que aconteciam, descobrimos que ele havia recém-chegado do Canadá. Aqui, aquele detalhe que falei anteriormente recomeça a querer sair do "estado de brasinha" para se tornar uma fogueira. A cada detalhe que ele falava sobre o país, sobre as facilidades e acontecimentos, os olhos do meu pai brilhavam como holofotes. Ele disfarçava, mas era nítida a empolgação.

Em determinado momento dessa convivência, o amigo do meu irmão começa a dizer coisas sem sentido. Coisas como: "Eu vou morrer.", "Quando eu partir, você vai ficar com a minha esposa." Indignado, meu irmão decide se afastar por um tempo.

Em um domingo, alguns meses depois, meu irmão estava na rua com os amigos, o telefone de casa toca. A notícia, do outro lado da linha, foi assustadora. Era a mãe desse amigo, com a voz sofrida, ela me diz: "Avisa o seu irmão que meu filho faleceu." Eu: "Como? Ele tinha apenas 24 anos e estava saudável." E ela: "Ele tirou a própria vida, se suicidou."

Meses depois do sepultamento, como que em uma profecia, as palavras dele se cumprem. Meu irmão e a esposa desse amigo se apaixonam. Um ano depois, meu irmão vai embora do Brasil com ela e se casam no Canadá — aqui começa a se intensificar e definir a ruptura do lar desenhado com tanta perfeição.

Na minha família, um sonho antes adormecido volta a existir e, com ele, brigas que se tornaram comuns, até mesmo antes da ida do meu irmão. O lar se quebra e a casa se torna um verdadeiro cenário de batalhas insanas e de repúdio total para mim.

No auge da minha adolescência, passei a ser a sombra da minha mãe, que, em depressão pela mudança do filho, se esquece de que eu também era filha. Passa a me desprezar e a me falar palavras duras que machucavam. Eu vivia com medo de que ela atentasse contra a própria vida. Meu pai, cego pelo sonho que queria realizar, mal nos dava o direito de escolher o que seria nosso desejo ou não e, sem enxergar a situação, se tornava cada vez mais indiferente a nós duas.

O que antecedeu a ida do meu irmão e, depois que ele embarcou com a passagem só de ida, deixou tantas marcas que mal podíamos sentar à mesa para uma refeição. O diálogo que sempre existiu deu espaço às agressões verbais e aos gritos que me enlouqueciam. Eu não me via naquele mundo onde eles se debatiam em ofensas constantes e palavras que cortavam mais que lâminas afiadas.

Nesse "inferno", sigo sem compartilhar meus sonhos, a carreira desejada e nada do que se referia a mim era assunto em casa. Sem pretensão, sem me preparar, presto vestibular e, para minha surpresa, sou aprovada.

Aquilo que para mim seria uma conquista passa a ser motivo de mais desentendimentos. Meu pai não apoiava minhas escolhas, achava que Pedagogia era uma profissão sem futuro aqui no Brasil.

Nesse mesmo período, meu irmão fala de aplicar os documentos na imigração para levar meus pais para o Canadá. A possibilidade é estudada — aceita — mas minha mãe desiste e justifica: "Não vou deixar minha filha sozinha." Ela não queria ir e encontrou o álibi — eu — e meu pai se vê impedido, mais uma vez, de realizar o sonho.

Fui me anulando, no piloto automático, fazendo de tudo para agradar meus pais. Queria que eles voltassem a se entender e parassem de disputar as coisas como inimigos.

Sobrevivendo, mas ainda com esperança, mal sabia que iria piorar ainda mais. A vida ainda reservava outras surpresas e, desta vez, mais desagradáveis e pesadas para mim.

Chegando à formatura na *UNICAMP (Universidade Estadual de Campinas)*, eu já estava noiva de um rapaz, que só aceitei namorar para poder ter momentos longe da minha casa. Meus pais não gostavam dele e, na busca de tirá-lo da minha vida, no dia da formatura me presentearam com um anel e uma passagem para o Canadá.

O que era para ser um mês de passeio no exterior, sem eu opinar, vira dois meses. Consequentemente, o meu noivo maltrata meus pais na frente de todos ao saber da notícia.

Volto para o Brasil decidida. Devolvo a aliança e finalizo algo que não deveria nem ter começado. O desespero tomou conta dele, que justificava de todas as formas, mas nada me faria voltar atrás. Ele me seguiu, quase causou um acidente, dizendo que, se morrêssemos, eu não seria de mais ninguém e, como última opção, pediu ajuda a um amigo em comum. Queria a todo custo me fazer voltar para ele. O que achou que seria para o bem dele, seria, mais uma vez, o caos enviado para a minha vida. Ele mal podia imaginar que, com tudo que ele havia contado ao amigo, seria a ponte para mais um golpe que desta vez me levaria a uma das quedas mais fortes nessa trajetória.

Ao se aproximar, supostamente para ajudar meu ex-noivo, esse rapaz começa a frequentar minha casa. Com o tempo, percebo um sentimento diferente, mas, em silêncio, não demonstrava. Tinha medo de ser mal interpretada. Um dia, nos despedindo na frente da minha casa, ele mesmo se declarou, e eu não pude deixar de corresponder. Imaginei que, naquele momento, eu estaria ganhando um presente do universo. A realidade que viria depois seria muito dura e me deixaria arrasada. Eu jamais imaginava que ele soubesse tanto da minha história e da vida do meu irmão.

Em nossas conversas, ele afirmava de forma categórica que nunca deixaria o Brasil. Mas, do nada, uma virada de chave. Decidido, me convence de iniciarmos o processo de ida para o Canadá.

Meu coração, no auge dos 22 anos, se enchia de esperança porque, desta forma, agradaria meus pais, meu irmão e realizaria o sonho de me casar e ter uma família. Meu pai, realizado desta vez, me apoiava em tudo. Minha mãe, mesmo com medo, aceitava a situação, pois estaria perto do meu irmão, e eu estava feliz porque era a minha vez de ter paz e de sentir que todos estavam bem novamente. O processo de imigração corre bem até que, em uma entrevista no consulado, vendo nossos documentos, viram que eu não tinha o sobrenome dele e nos questionaram qual era o regime do nosso casamento. Eu, sendo honesta, disse que não éramos casados oficialmente e que, estando no Canadá, o faríamos com certeza. Para nossa surpresa, esse documento seria uma exigência para a nossa ida e, sem ele, só eu iria, pois o vínculo era apenas meu — dele não.

Saí do consulado com medo de ele desistir de tudo e ouço: "Vamos nos casar!" Eu: "Como assim?" Do medo à euforia. Não pensei que, a partir desse pedido, tudo seria ainda pior.

Com tudo formalizado, no dia seguinte ao nosso casamento, como que num passe de mágica, ele sai a trabalho, sem notícias ou satisfação. Mesmo aceitando, algo me dizia que não estava certo.

Durante 20 dias, fiquei sem nenhuma ligação ou notícias. Eu trabalhava à noite e, decidida, resolvi dar atenção às minhas intuições. Saio direto do trabalho para a casa dele. Eu queria notícias, afinal, a última fase no consulado estava chegando, e eu não sabia o que estava acontecendo.

Chego, entro na casa onde ele morava e que, supostamente, estariam só minha sogra e cunhada, e vejo "meu marido", outra mulher e uma criança que, passando por ele, o chama de papai. Meu coração parou. Descobri naquele momento que eu era, oficialmente, "a outra". Tudo o que ele queria, em comum acordo com a família, era ir embora do país.

Fui usada, traída, silenciada. Envolvida em um plano sujo e cruel que, contando, parece drama de novela — mas foi real.

Me decepcionei tanto que mal acreditava que Deus pudesse existir. Me perguntava: "Que Deus é esse?", "Deus? Se existe, por que me deixava passar por tudo que vinha passando?"

Fisicamente abatida, após descobrir tudo — adoeço. Médicos e medicamentos fortes. Eu parecia uma morta-viva.

Meus pais? No mundo em que viviam, decidem reformar pela quarta ou quinta vez a casa toda. Mais uma vez, questionei esse Deus de que todos falavam e, revoltada, digo: “Se o Senhor existe mesmo, me levanta, me põe em pé de verdade e me prova que não sou essa merd* toda que me transformaram. Me tira dessa dor e me mostra que eu posso ser feliz.”

No mesmo dia, depois de muito chorar, tomo banho, vou para o meu quarto, me arrumo para trabalhar. Na cozinha em reforma, ouço uma gargalhada tão intensa e gostosa. Sorri levemente, como não fazia há meses. A vida me surpreenderia a partir daquele dia. Deus havia me ouvido. Depois daquele primeiro contato, foram 24 anos vividos com um amor que todos admiravam, elogiavam e desejavam ter. Tive, com Marcelo, o dono daquela gargalhada gostosa, um casamento lindo e dois filhos abençoados. Tudo seguia em paz, mas a beleza dessa história teria também uma vírgula e, dos 24 anos que vivemos um pelo outro, os últimos cinco anos foram uma luta diária para combater e curar a depressão que silenciosamente chegou e se fez presente nas nossas vidas. Marcelo estava cansado também de muitas batalhas.

Depois de muito lutar, em fevereiro de 2019, dia 18, me despeço da pessoa que mais amei nessa vida. A caminho do hospital, com muita dor no joelho, Marcelo segura no meu braço, diz: “Eu te amo.” e deita no meu ombro. Chego ao hospital e ele, desacordado, me mostra nitidamente que havia se despedido de mim com as mesmas palavras que um dia foram capazes de derrubar todos os bloqueios que a vida vinha criando. As primeiras e as últimas palavras que ouvi do meu grande amor selaram definitivamente a minha vida. Mesmo sangrando por dentro diariamente, fiz dessas palavras o remédio que curaria não só a mim, mas a todos que fariam parte da minha história dali em diante.

No sepultamento do Marcelo, vivendo a pior dor que já senti, fechei os olhos, procurei Deus e, sem pedir nada, só me entreguei — deixei que Ele me desse colo.

A saudade e a dura realidade que viria, mais uma vez, endurecem meu coração. No mesmo dia, uma senhora que cuidou muito de nós me disse que poderia demorar, mas que no dia em que eu aprendesse a ouvir Deus de verdade, tudo iria ser diferente. Achei-a inconveniente naquele momento, mas alguns meses depois pude entender o que ela quis me ensinar. A cada passo, via, ouvia e sentia como seria mais um *(re)começo* nessa nova jornada chamada vida — só que, desta vez, "sozinha".

Em um dia de muitos questionamentos, vi que minha fé era pequena demais e que, por mais que Ele me desse sinais, meu egoísmo e desconfiança o faziam ficar para depois. Por isso, duvidei daquela senhora. Eu tinha fé, mas, de verdade, não tinha nenhuma conexão, nenhuma comunhão com Deus.

Hoje, depois de tudo que vivi, aprendi a ouvi-Lo de verdade. Antes de Marcelo partir, trilhamos juntos um caminho de autoajuda e inteligência emocional. Tomei consciência dos sinais que, por muito tempo, foram dados e eu, com minha pequena fé, não ouvia Ele. Marcelo me preparava para a despedida, em determinado momento, deixou de falar "Nós vamos" e passou a dizer "Você vai" e, depois que entendi tudo isso, já sozinha, entendi minha missão de vida e, do amor que recebi Dele, fiz o remédio para curar todos que chegam até mim. Me tornei terapeuta. Viajo pelo mundo todo sentada no meu escritório. Londres, Suíça, Portugal, Texas, San Diego, EUA e muitos outros. Como cheguei tão longe? Nem eu mesma sei, mas afirmo com toda certeza que quem me faz ser o que sou é Deus. Sei que sou uma semente no coração de muitos que, ao confiar em mim, recebem o melhor e mais puro remédio: AMOR.

Essa é a minha vida e, se você me conhecer um dia, saberá que, com tudo que vivi, jamais deixei de ter paciência e de ser quem eu sempre acreditei ser. Mas essa é outra parte da história e, quem sabe, seja mais um capítulo de um novo livro que, com certeza, virá e fará a diferença na sua vida.

ROSEANA MONTEIRO

@arquitetaroseanadmonteiro

AQUELE PERÍODO ME ENSINOU QUE CRESCER É, MUITAS VEZES, APRENDER A LIDAR COM O QUE SE PERDE E COM O QUE SE GANHA...

Arquiteta, com 47 anos de profissão, acúmulo mais de 1.000 projetos executados ao longo de uma trajetória, sempre pautados pela excelência, inovação e compromisso com a qualidade. Meu trabalho já foi reconhecido em algumas premiações, das quais destaco o 1º lugar, pelo júri técnico e pelo público, na Campinas Decor 2014, com o ambiente *Home Cinema* — que me levou a uma viagem para Punta del Este, e, novamente, o 1º lugar de público na Campinas Decor 2016, com o *Loft de Cervejeiro*.

Tenho uma paixão que só cresce: transformar espaços e inspirar pessoas. Ao longo dessas décadas, acumulei experiência, histórias e aprendizados que agora quero compartilhar com jovens em início de carreira, ajudando-os a desenvolver seu potencial e encontrar seu próprio caminho na profissão.

Amo viajar, explorar novas culturas e encarar desafios — afinal, acredito que a vida é feita de movimento e reinvenção constante.

Acesse o QR code ao lado:
conheça mais sobre a autora e escritora Roseana Monteiro e seus projetos.

25

ENTRE VAGA-LUMES E CIDADES: A TRAJETÓRIA DE QUEM NUNCA PAROU DE CONSTRUIR

Por Roseana Monteiro

Morei numa cidade pequena até meus 18 anos. Um lugar onde os dias tinham o mesmo cheiro, o mesmo som e, claro, os mesmos rostos — que, aliás, sabiam tudo sobre a vida de todo mundo, antes mesmo que a própria pessoa soubesse. Foi nesse cenário que aprendi a conviver com limites, não só os da cidade, mas principalmente os do meu próprio corpo: fui uma criança frágil, com várias doenças até os 7 anos. Enquanto outras crianças corriam soltas pelas ruas, eu era praticamente uma espectadora da vida, assistindo ao mundo pela janela, tentando entender por que meu corpo parecia ter vindo com freio de mão puxado.

Por volta dos 21 anos, ao fazer um curso de parapsicologia (sim, sempre fui curiosa e alternativa!), entendi que a casa onde morávamos naquela época tinha tudo a ver com minhas questões de saúde. Se soubesse disso antes, talvez tivesse colocado uns cristais na cabeceira da cama ou feito um *Feng Shui*, mas naquela época a gente apenas seguia vivendo — ou tentando.

Quando a situação financeira apertou, minha família se mudou para a fazenda do meu pai. Foi apenas um ano, mas como todo ano que nos transforma, parece que durou uma eternidade. Se antes me sentia presa ao corpo, ali, no meio da natureza, conheci a liberdade. Corria à noite atrás de vaga-lumes com uma lenha em brasa (sem nenhuma consciência do risco de incendiar a plantação!), ria alto sem medo do escuro, sentindo a terra fria debaixo dos pés. Caçava formigas içás com os filhos dos colonos e, acredite, saboreávamos como se fossem trufas francesas. Também caçava rãs à noite com meu pai, e minha mãe, generosa, transformava nossas capturas em tigelas gigantes para nosso deleite (ou para nossa penitência, dependendo do paladar).

Mas nem só de vaga-lumes e içás vive a infância na roça. Foi lá que aprendi a face mais dura da vida: matar porco, lidar com o ciclo da criação, da morte e do alimento. Não havia espaço para romantização — a vida exigia entrega e responsabilidade. Aquele período me ensinou que crescer é, muitas vezes, aprender a lidar com o que se perde e com o que se ganha... e a evitar dar nome aos porcos.

Depois da fazenda, voltamos para outra casa na cidade. Foi como se mudar de espaço também tivesse mudado algo dentro de mim: minha saúde melhorou, meu ânimo se renovou. A casa me fazia bem — não só fisicamente, mas emocionalmente. Pela primeira vez, senti que havia espaço suficiente para crescer, para sonhar... e para espalhar minhas tralhas sem culpa.

Ali, vivi as típicas brincadeiras de rua, aquelas que, hoje, parecem quase lendas urbanas: esconde-esconde até o último suspiro, queimadas épicas, corridas para ver quem chegava primeiro na esquina. E as festas de aniversário no quintal... *ah*, essas eram um capítulo à parte! Não havia buffet infantil, mas tinha bolo feito em casa, guaraná gelado, balões coloridos, picolés de groselha e muita, mas muita alegria. Às vezes chovia, e daí? A festa seguia, com a criançada molhada e feliz. Era ali, no quintal, entre risadas e disputas acirradas de corrida de saco, que aprendi que felicidade não precisa de luxo: só de espaço, afeto e liberdade.

Esses momentos simples, mas intensos, completaram minha infância e me deram uma base afetiva sólida, que, mais tarde, seria fundamental para enfrentar os desafios que a vida e a carreira me apresentariam.

Foi nesse contexto que dei um passo inédito: fui uma das pioneiras da minha cidade a fazer intercâmbio para os Estados Unidos — numa época em que ligações interurbanas levavam horas para se completar, e as cartas demoravam tanto que, quando chegavam, já nem lembrávamos o que havíamos escrito. Até então, ninguém próximo havia trilhado esse caminho. Fui movida pela vontade de conhecer mais, de ultrapassar aqueles limites que, por tanto tempo, me cercaram. E aqui faço uma pausa para agradecer, mais uma vez, aos meus pais que, mesmo sem GPS, rede social ou tradutor simultâneo, me deram todo o apoio. Sem eles, no máximo teria feito um passeio até a cidade vizinha.

A experiência no exterior me revelou um mundo imenso, diverso e cheio de possibilidades. Descobri que eu não queria e, francamente, nem podia me limitar ao que já conhecia. Dominar a língua inglesa foi um bônus, mas a verdadeira lição foi outra: sair da minha cidade natal com um desejo claro de transformar aquela menina que corria atrás de vaga-lumes numa profissional capaz de desenhar espaços que acolhessem outras vidas.

E foi assim que decidi estudar arquitetura. A cidade escolhida foi Campinas. Chegar à cidade grande foi como atravessar um espelho: do outro lado, tudo era novo, rápido e, confesso, assustador. De repente, me vi cercada por milhares de rostos, prédios imensos e ruas que pareciam nunca terminar; e nem sempre por falta de calçada, mas por pura imensidão mesmo.

No começo, me senti pequena, quase invisível. Havia dias em que a cidade parecia indiferente à minha existência, como se eu fosse apenas mais uma entre tantos. Mas logo percebi: na vida e na arquitetura, não basta esperar que as portas se abram sozinhas; às vezes é preciso bater, arrombar ou, no mínimo, empurrar discretamente.

Comecei devagar: estágios, projetos pequenos, conversas com professores, observação atenta de quem já havia trilhado aquele caminho antes de mim. A cidade, aos poucos, deixou de ser um labirinto e se transformou num mapa — um mapa que eu mesma fui desenhando, com esforço, dedicação e, acima de tudo, paciência (muita paciência!).

Percebi que, na arquitetura, vencer não significa apenas assinar grandes obras ou ter o nome gravado numa placa de mármore. Vencer significa perseverar, continuar aprendendo, evoluindo e respeitando o tempo — o nosso, o do cliente e, principalmente, o da obra, que nunca fica pronta no prazo!

Depois da faculdade, sonhava em fazer uma pós-graduação na Europa. Já tinha até uma poupança (um verdadeiro milagre para uma recém-formada!), mas o casamento foi um desses encontros que mudam não só o rumo dos dias, mas a maneira como enxergamos o mundo. Ao lado do meu companheiro, Fernando, na cumplicidade silenciosa das pequenas escolhas e na força das grandes decisões, aprendi o valor da parceria verdadeira. Abdiquei da pós e investi o dinheiro na compra do nosso primeiro apartamento. Um tijolo aqui, outro ali, e pronto: construímos nosso ninho. O casamento me ensinou paciência, renúncia, respeito às individualidades e, sobretudo, a beleza de construir algo maior que nós mesmos... e a escolher a cor da parede em consenso.

Nem sempre o caminho profissional foi linear ou tranquilo. A carreira de arquiteta, como qualquer outra, teve seus desafios — e alguns bem concretos, como as diversas crises econômicas que o país atravessou. Houve momentos em que os projetos rarearam, os clientes sumiram e as contas, ao contrário, continuaram chegando pontualmente.

Em uma dessas fases, precisei me reinventar. Sem medo (ou com medo, mas sem deixar que ele me paralisasse), fui até Petrópolis, famosa por suas confecções, e comecei a comprar roupas para revender. De arquiteta a sacoleira, numa adaptação que hoje encaro com humor e orgulho: afinal, quem nunca teve que mudar o traçado da planta para que a obra não parasse? Pegava o ônibus, fazia as compras com olhar atento aos preços e à qualidade, voltava e revendia. Foi uma forma criativa de manter a renda, driblar as dificuldades e, claro, exercitar meu senso estético — afinal, na arquitetura ou na moda, sempre lidei com formas, proporções e estilo.

Esse período me ensinou muito sobre resiliência, flexibilidade e a importância de não ter vergonha de recomeçar, de mudar de rumo quando necessário. Afinal, quem projeta para os outros precisa, antes, saber projetar a própria vida, mesmo que às vezes o terreno pareça acidentado.

Num novo capítulo, vieram meus três filhos — Bruno, Lívia e André —, e o mundo ganhou novas cores e sons... e muitos brinquedos espalhados pelo chão. Ser mãe me transformou por inteiro: me tornei mais forte, mais sensível, mais resiliente. Amor não se divide; ele se multiplica, assim como as tarefas domésticas. Conciliar a maternidade com a carreira não foi simples: houve dias de culpa, noites mal dormidas, mas também risos incontáveis, abraços sinceros e a certeza de que eu estava deixando para eles, além da ajuda no sustento, o exemplo de alguém que acreditou nos próprios sonhos e que, mesmo cansada, não desistiu.

E então, quando pensei que já havia experimentado todas as formas de amor, meus filhos ampliaram a família com a chegada do meu genro Bruno, da minha nora Jaqueline e de três presentes inestimáveis: minhas netas Maria Clara e Letícia e meu neto Francisco. Pequenas vidas que renovaram em mim a esperança e a alegria, e me mostraram que ainda havia muito chão para correr... atrás de novos vaga-lumes.

Com eles, aprendi a olhar novamente para as coisas simples — um olhar curioso, uma risada espontânea, um desenho torto, mas cheio de intenção, e mais do que nunca, a valorizar o legado que construí. Eles são a continuação da minha história, a prova viva de que o tempo passa, mas o amor permanece e, melhor ainda, se reinventa.

Esses vínculos familiares não foram apenas parte da minha vida pessoal; foram a força silenciosa que me sustentou nos momentos difíceis e a inspiração para seguir adiante, mesmo quando o cansaço parecia maior que a vontade de projetar mais um lavabo.

Hoje, olhando para meus filhos e netos, percebo que parte da minha trajetória profissional vive neles. Não porque seguiram os mesmos caminhos (graças a Deus, cada um com seu talento!), mas porque carregam valores que sempre pautei no meu trabalho: a ética, a perseverança e o respeito pelas pessoas. Saber que transmiti esses ensinamentos é, sem dúvida, a maior realização da minha vida – e nenhuma premiação ou publicação em revista, supera isso. E olha que ganhei vários prêmios ao longo da minha trajetória. Fui reconhecida com algumas premiações importantes na área de Arquitetura e Design de Interiores. Além disso, participei de 28 Mostras de Arquitetura e Decoração, experiências que me proporcionaram não apenas visibilidade, mas principalmente a oportunidade de experimentar, inovar e, acima de tudo, emocionar. Cada mostra foi um convite a me desafiar, a explorar novos materiais, novas soluções e a dialogar com públicos diversos, sempre mantendo minha essência.

Além disso, sempre soube que a inspiração não se alimenta apenas do que está perto.

Por isso, ao longo dos anos, viajei para mais de 20 países e conheci cerca de 80 lugares diferentes – cada um deles me trouxe novas cores, texturas, histórias e formas de habitar o mundo. De cada canto, levei algo: das linhas minimalistas do design escandinavo aos detalhes ornamentados das cidades barrocas europeias; das soluções criativas das pequenas vilas asiáticas à exuberância das metrópoles latino-americanas. Tudo isso incorporado de maneira quase orgânica aos meus projetos, que são, antes de tudo, traduções sensíveis das experiências que vivi.

E, para quem acha que a vida nos torna menos aventureiros com o passar dos anos, deixo um registro: aos 64 anos, em uma dessas viagens, voei de *parasail* em Punta Cana! Sim, suspensa no ar, com o coração acelerado e uma risada meio nervosa, pensei: “Se consegui fazer isso, definitivamente ainda posso muito mais!” Porque a vida, assim como a arquitetura, é feita de equilíbrio, ousadia e uma boa dose de aventura – às vezes literalmente voando!

Nunca me esqueci das minhas origens. A menina que corria atrás de vaga-lumes, a jovem que se lançou no intercâmbio, a estudante que não conhecia ninguém na cidade grande: todas elas são partes vivas de mim e continuam presentes em cada linha que traço, em cada espaço que penso, em cada projeto que abraço.

Hoje, aos 70 anos, sigo atuante, com o mesmo brilho nos olhos (ainda que precise de óculos para ler plantas) e a mesma vontade de transformar o mundo, espaço por espaço. Descobri que a arquitetura não é apenas técnica: é uma forma de contar histórias, de abrigar vidas, de criar atmosferas que permanecem muito além de nós — e que, às vezes, são motivo de debate acalorado sobre o tamanho do pé-direito.

O tempo me ensinou que a profissão não envelhece; ela amadurece com a gente. E às arquitetas, arquitetos, designers de interiores e outros jovens que estão começando agora, digo: não subestimem o poder do tempo. A pressa constrói fachadas; a paciência constrói obras que permanecem.

Cultivem a curiosidade, alimentem a coragem, respeitem o silêncio dos espaços, nunca pensem que já sabem tudo e, sobretudo, escutem as pessoas: são nelas que a verdadeira arquitetura nasce. E não se preocupem se a cidade parecer grande demais, se os contatos forem poucos, se o caminho parecer longo. Cada experiência, da infância frágil ao intercâmbio corajoso, do estágio tímido ao primeiro projeto assinado, vai, pouco a pouco, construir não apenas a sua carreira, mas quem você é.

Mantenham sua essência, suas verdades e valores inegociáveis como uma bússola para chegar onde sonharam, e não se esqueçam de curtir o caminho, nem que seja para caçar alguns vaga-lumes no meio do percurso.

Descobri que a arquitetura não é só sobre construir paredes, mas sobre construir relações, memórias, legados. Cada projeto que assino carrega não apenas técnica, mas também a história de quem fui, de quem sou e de quem continuo me tornando.

Enquanto houver espaço para sonhar, para criar e para acolher, sigo aqui: desenhando, aprendendo, ensinando e, acima de tudo, vivendo. Afinal, não há idade para quem nunca deixou de construir.

SIDNEY EDUARDO HORTOLAN

in Sidney Hortolan

CUIDAR DOS CUIDADORES É CUIDAR DO FUTURO.

Abordo os desafios enfrentados por nós, cuidadores de pessoas com Transtorno do Espectro Autista (TEA), destacando a importância de reconhecer, apoiar e valorizar aqueles que, muitas vezes, vivem sobrecarregados e invisibilizados pela sociedade. Cuidar de uma pessoa com autismo exige dedicação intensa, amor, sacrifícios pessoais e grande esforço emocional. Muitos de nós, especialmente mães, abrimos mão da vida profissional e social, lidando com esgotamento físico e mental, preconceitos e dificuldades financeiras. Alerto para as graves consequências do abandono emocional e estrutural desses cuidadores, como isolamento, depressão e *burnout* do cuidador. Reforço que é urgente criar políticas públicas de apoio, oferecer acompanhamento psicológico, redes de suporte e momentos de descanso e autocuidado. Defendo que cuidar dos cuidadores é um compromisso coletivo e que o amor não deve ser solitário. Valorizar essas pessoas é essencial para garantir o bem-estar da pessoa com autismo e a saúde emocional de toda a família.

Acesse o QR code ao lado:
conheça mais sobre o autor e escritor Sidney Eduardo Hortolan e seus projetos.

26

QUEM CUIDA DOS CUIDADORES DE AUTISTAS?

Por Sidney Eduardo Hortolan

Cuidar de uma pessoa com Transtorno do Espectro Autista (TEA) é uma tarefa desafiadora, que exige tempo, energia emocional, paciência e um conhecimento constante das necessidades específicas do indivíduo. Por trás do cuidado diário, muitas vezes invisível aos olhos da sociedade, estão mães, pais, irmãos, avós, profissionais e outros cuidadores que dedicam suas vidas para oferecer o melhor às pessoas com autismo.

No entanto, uma questão essencial muitas vezes é negligenciada: quem cuida desses cuidadores? Como essas pessoas enfrentam o estresse físico e emocional? Que suporte recebem da sociedade, do Estado ou até mesmo de suas famílias? Este texto tem como objetivo refletir sobre essas perguntas e propor caminhos para que os cuidadores também sejam amparados, reconhecidos e valorizados.

O papel do cuidador: amor, sacrifício e sobrecarga

O cuidador de uma pessoa com autismo, especialmente quando se trata de crianças ou jovens com necessidades mais complexas, vive uma rotina marcada por altos níveis de responsabilidade. A dependência da pessoa com TEA pode ser parcial ou total, o que faz com que o cuidador assuma funções que vão desde a alimentação, higiene e segurança, até o acompanhamento em terapias, consultas médicas e estímulos educativos.

Muitos desses cuidadores são mães solo, que precisam abrir mão da carreira profissional ou dos próprios sonhos para se dedicar integralmente ao filho. Além disso, enfrentam preconceitos, falta de acessibilidade e dificuldades financeiras. A sobrecarga é tão grande que, segundo estudos, cuidadores de pessoas com autismo apresentam índices mais altos de depressão, ansiedade e doenças físicas do que a média da população.

A invisibilidade do cuidador

Apesar da importância do papel que desempenham, os cuidadores muitas vezes são invisibilizados pela sociedade. Pouco se fala sobre suas dores, seus medos e suas frustrações. Há uma cobrança velada de que devam ser fortes o tempo todo, que tenham respostas para tudo e que não podem falhar.

Nas redes sociais, é comum ver conteúdos que romantizam o cuidado, exaltando a dedicação dos pais e mães como um gesto heroico. Embora o amor seja, de fato, uma força poderosa, essa romantização acaba por mascarar as necessidades reais dos cuidadores: descanso, apoio psicológico, rede de suporte e reconhecimento social.

Consequências do abandono ao cuidador

O abandono emocional e estrutural dos cuidadores tem consequências graves. O cansaço extremo pode levar ao esgotamento físico e mental, conhecido como *burnout* do cuidador. Muitos chegam ao ponto de adoecer, e isso afeta diretamente a qualidade do cuidado oferecido à pessoa com autismo.

Sem suporte, o cuidador se isola socialmente, perde vínculos afetivos e, em casos mais graves, entra em um ciclo de sofrimento silencioso. Isso se torna ainda mais preocupante quando consideramos que, em muitos lares, o cuidador é o único responsável por toda a rotina da criança ou jovem com autismo.

Além disso, quando o cuidador adoece, quem assume seu lugar? A ausência de políticas públicas para apoio e substituição temporária agrava ainda mais a situação.

Cuidar de quem cuida: um compromisso coletivo

Diante desse cenário, é urgente pensar em formas de cuidar de quem cuida. Isso pode se dar em várias esferas:

1. **Políticas públicas:** é fundamental que o Estado ofereça suporte aos cuidadores, como acompanhamento psicológico gratuito, grupos de apoio, capacitação continuada e políticas de renda (como auxílio financeiro para cuidadores em tempo integral).
2. **Rede de apoio familiar e comunitária:** a família ampliada, os amigos, vizinhos e a comunidade podem contribuir dividindo tarefas, oferecendo momentos de descanso ao cuidador principal ou simplesmente ouvindo com empatia.
3. **Espaços de escuta e acolhimento:** grupos de apoio com outros cuidadores proporcionam um ambiente seguro para compartilhar experiências, trocar conselhos e fortalecer vínculos.
4. **Cuidar da saúde mental:** psicoterapia, atividades físicas, espiritualidade e momentos de lazer são ferramentas essenciais para manter a saúde mental dos cuidadores.
5. **Educação e informação:** quanto mais informação sobre o autismo e seus desafios for difundida, mais fácil será para que a sociedade compreenda e colabore com os cuidadores.

O amor não deve ser solitário

Cuidar de uma pessoa com autismo é um gesto de amor profundo. Mas o amor não precisa — e não deve — ser solitário. É papel da sociedade reconhecer esse cuidado como um trabalho essencial, que exige suporte, descanso e acolhimento.

Quando cuidamos de quem cuida, garantimos uma base mais sólida para o desenvolvimento e o bem-estar da pessoa com autismo. Um cuidador saudável, emocionalmente estável e valorizado tem muito mais condições de oferecer um cuidado afetivo, estruturado e respeitoso.

Portanto, a pergunta "quem cuida dos cuidadores?" não pode ser ignorada. Ela precisa ecoar em políticas públicas, campanhas de conscientização, programas de saúde mental e, principalmente, em uma mudança de mentalidade coletiva. Cuidar dos cuidadores é cuidar do futuro.

Mensagem final

Quem cuida de autistas carrega uma coragem silenciosa no coração e um amor que não se explica em palavras. São heróis discretos, que aprendem a decifrar o mundo por outros olhos, a ouvir sem palavras e a celebrar conquistas que muitos nem percebem. Cada gesto de cuidado é um ato de paciência, resiliência e profundo respeito por um universo singular.

Cuidar de uma pessoa autista é reaprender o tempo, reinventar o afeto e reconhecer que, nas pequenas vitórias do dia a dia, mora uma força gigantesca. É amar com intensidade, mesmo nos dias difíceis. É acreditar no invisível e dar voz ao que o mundo insiste em não escutar.

Ser pai ou mãe de uma criança autista é renascer todos os dias com a força de um amor que desafia o cansaço, o medo e o desconhecido. É abraçar o mundo com outros olhos — olhos que não julgam, que não comparam, que apenas amam.

É aprender a ouvir o silêncio e traduzir olhares. É transformar a dor em coragem, a dúvida em descoberta. Cada avanço do filho é como ver o sol nascer depois de uma longa noite: faz tudo valer a pena. Porque onde muitos veem limites, os pais enxergam possibilidades.

Onde há isolamento, eles constroem pontes. Onde há silêncio, eles ouvem a alma. E acima de tudo, eles estão lá — firmes, presentes, amando com uma força que só quem vive esse amor entende.

Mas a vida é um presente precioso que nos foi dado, repleto de oportunidades, experiências e conexões significativas. Cada momento que vivemos é uma dádiva única, uma chance de aprender, crescer e contribuir para um mundo ao nosso redor.

Por mais desafiadora que a jornada possa ser, é importante lembrar o valor intrínseco de cada vida e o impacto que podemos ter mesmo nas circunstâncias mais simples.

Cada sorriso compartilhado, cada gesto de bondade e cada momento de amor são tesouros que enriquecem não apenas nossas vidas, mas também as vidas daqueles que nos rodeiam.

Que possamos celebrar e honrar o dom da vida, vivendo com gratidão, compaixão e propósito, buscando sempre fazer a diferença, e lembre-se sempre: sua vida importa, você é valioso e tem um papel único e insubstituível neste mundo, portanto, se cuide!

Thalita Mello

@thalita.mellostylist

@thalita.mellostylist

ENTENDI QUE MINHA MISSÃO ERA MUITO MAIOR. EU PRECISAVA GUIAR PESSOAS RUMO À SUA PRÓPRIA ESSÊNCIA.

Sou Thalita Mello. Mãe. Esposa. Empresária. Visagista facial e de ambientes. Palestrante. Treinadora de inteligência emocional. Escritora. Mestre em oratória. Mais que títulos, sou uma mulher que decidiu viver com propósito, intensidade e verdade. Minha história começou com escolhas, dores e quedas, mas com coragem de me levantar sempre. Cada conquista tem a assinatura da mulher que decidi ser.

Na maternidade, encontrei amor puro e força bruta. Como esposa, construí um amor de respeito e parceria. Como empresária, transformei paixão em missão. No visagismo, traduzo essências em imagem e espaços. Como palestrante, uso palavras que transformam. Treino pessoas a usarem emoções como força. Escrevo para inspirar. Ensino mulheres a usarem sua voz com poder. Sou feita de recomeços e acredito que sua história pode ser um legado. Minha missão é transformar vidas pelo poder das emoções, imagem e palavra.Você nasceu para deixar legados, não feridas.

Acesse o QR code ao lado:
conheça mais sobre a autora e escritora Thalita Mello e seus projetos.

27 A SUA ASSINATURA É SEU LEGADO

Por Thalita Mello

Todo mundo deixa uma marca. Pode ser discreta, quase invisível, ou tão forte que ecoa por gerações. A verdade é que, queira ou não, a sua assinatura é seu legado. E a minha jornada é a prova de que o que assinamos com a alma — a vida eterniza.

Neste livro, compartilho três fases da minha vida. Três assinaturas que me formaram. Cada uma delas carregando um pedaço da menina, da mulher e da mãe que me tornei. Que este livro inspire você a refletir sobre a sua própria assinatura no mundo. Porque o seu legado já está sendo escrito. A pergunta é: como você quer ser lembrado(a)?

Parte 1 – Raízes de esperança

Nascida em Parapuã, uma pequena cidade, mas cheia de corações gigantes, cresci nos braços acolhedores dos meus avós maternos, que foram verdadeiros heróis em minha vida. Após a separação precoce dos meus pais, eles nos acolheram — a mim e à minha irmã — com um amor imenso, daqueles que não se mede, apenas se sente. Com simplicidade, sabedoria e muito afeto, fizeram de tudo para nos dar uma base sólida. Mesmo com recursos limitados, nunca nos faltou amor, valores e ensinamentos que levaremos para sempre. Meu avô, com seu jeito rígido e firme, ensinou sobre respeito, dignidade e honestidade. Minha avó, uma fortaleza, um exemplo de doçura e força, era o colo onde eu encontrava consolo e segurança. Ao lado deles, cresci aprendendo que é possível ser feliz e sonhador, mesmo diante das dificuldades.

Apesar da alegria no coração, enfrentei olhares tortos e piadas cruéis por usar roupas simples e repetidas. Crianças, muitas vezes maldosas, zombavam sem entender a dor por trás do sorriso. Mas eu resistia, sabia onde queria chegar. E nessa jornada, também encontrei amizades verdadeiras — amigos de infância que guardo com carinho até hoje; que me viam pelo que eu era, não pelo que eu vestia. Minha irmã, sempre guerreira, foi minha inspiração desde cedo, batalhadora de sol a sol, buscando uma realidade melhor para nós. Tive também uma mãe incrível, que mesmo optando por seguir outros caminhos para reconstruir sua vida, nunca deixou de ser parte de mim; hoje, posso ver que o amor nunca se perdeu, apenas foi direcionado de uma forma que uma criança não entenderia, mas hoje compreendo sua necessidade de recomeçar e torço dia a dia por sua felicidade. E tias maravilhosas que, como anjos, nos ajudaram a seguir em frente, sempre ali nos apoiando e direcionando a um caminho justo e correto. Fui uma menina humilde, alegre, cheia de sonhos, determinada a crescer e ser uma mulher extraordinária, sem jamais permitir que as limitações financeiras apagassem a luz da minha esperança.

Parte 2 – A descoberta do ritmo da vida

A adolescência é um tempo de busca, de identidade, de pertencimento, de um propósito que ainda se esconde entre sonhos e incertezas. Para mim, foi o tempo em que a semente plantada na infância começou a florescer com cores próprias. Cresci cercada por referências simples, mas poderosas, de força, coragem e generosidade. Ainda assim, eu sabia: existia algo em mim que pulsava diferente. Um chamado.

Sempre fui apaixonada por moda, dança e cultura. Essas expressões me davam liberdade, me faziam sentir viva, presente, única. E foi em uma apresentação de *jazz*, no ginásio da cidade, que senti a primeira grande virada do meu destino. As roupas coloridas e criativas, os movimentos harmoniosos, a energia contagiante... ali, no meio daquele espetáculo, percebi: eu não apenas queria fazer parte daquilo — eu precisava.

Mas como tornar aquele desejo realidade? Minha mãe, sempre disposta a me apoiar, tentou por um tempo bancar as aulas. Porém, o orçamento apertado nos lembrou que sonhos também custam. Não tive coragem de pedir ao meu avô, que já provia tanto. Foi então que decidi falar com a dona da academia. Sabia que não tinha dinheiro, mas tinha algo ainda mais valioso: talento, disciplina, paixão.

Fui sincera. Disse quem eu era, o quanto queria estar ali e o quanto podia contribuir. Ela olhou para mim, sorriu e disse: "Quer me ajudar como secretária? Assim você faz as aulas."

Não pensei duas vezes. Agarrei aquela chance com unhas e dentes. Em menos de dois anos, finalizei minha formação em *jazz* e *ballet*. Logo comecei a dar aulas: primeiro para turmas de *baby class* e infantil, depois para uma turma intermediária. Ali, em cada passo e coreografia, eu deixava a minha marca, o início da minha assinatura no mundo.

Descobri que não existiam barreiras quando se tem coragem para atravessá-las. A partir daí, portas começaram a se abrir de forma quase mágica — ou divina. Trabalhei em uma grande loja de materiais de construção, gerenciei uma loja de cosméticos, fui bancária, tive uma oportunidade incrível no SBT e, então, cheguei a uma renomada construtora.

Foi ali que decolei. Tive um mentor que acreditou no meu potencial. Pela primeira vez, alguém do mundo "real" enxergava aquilo que eu sentia desde menina: que eu podia ser grande sem precisar deixar de ser eu mesma. Conheci cidades, estados, pessoas. Me fixei em São José dos Campos e me tornei parte fundamental da área comercial da construtora. Produto após produto, resultado após resultado. Meu nome começou a ganhar peso, respeito, valor.

Mas, como tudo na minha vida, nada veio fácil. As obras chegaram ao fim, e com elas, a estabilidade. Era hora de voltar. Mas voltar... não era uma opção. Eu queria seguir, crescer, manter o que havia construído — não apenas em termos materiais, mas de identidade.

Foi então que vi um pequeno anúncio de jornal: vaga para assistente em medicina ocupacional. Eu nem sabia o que era, mas acreditei que era um sinal. E quando Deus fala, eu escuto.

Fui com a cara, a coragem e, principalmente, com o coração. E foi essa mesma inexperiência, somada à minha autenticidade, que me garantiu a vaga. Não demorou para que me tornasse uma referência. Atendi à Petrobras por vários anos, me tornei a melhor especialista em medicina ocupacional e segurança do trabalho que a clínica já havia contratado — a menina do *jazz* havia se tornado mulher de negócios.

Mas os desafios internos persistiam. Sofri decepções amorosas e amizades perdidas. A saúde falhou, a alma vacilou. Pensei em desistir. Em voltar para os braços da minha família, que sempre me esperou com amor. Mas algo dentro de mim insistia: "Você veio até aqui para deixar uma assinatura. Não desista agora."

No meio do caos, encontrei amigos de verdade, laços que carrego até hoje. E em meio às dores, uma certeza: Deus nunca me abandonou. Com fé, coragem e resiliência, venci. E ao vencer, compreendi de vez que meu legado não se constrói apenas com vitórias, mas com as batalhas que enfrento com dignidade.

Cada passo de dança, cada palavra dita, cada cliente atendido, cada cidade onde deixei um pedacinho de mim. Tudo faz parte da minha assinatura. E é ela que deixará meu legado.

Parte 3 – O legado ganha voz

Minha história sempre foi marcada por movimento — no corpo, na alma, nas escolhas. Cada passo que dei foi resultado de fé, coragem e uma disposição incansável de seguir em frente, mesmo quando o mundo parecia me dizer para parar.

Minha trajetória profissional floresceu em meio a muito esforço. Em todas as empresas por onde passei, deixei mais que resultados: deixei pessoas melhores, ambientes mais leves, deixei marca. Sempre mantive meu coração aberto, mesmo depois de tantas feridas. Porque eu sabia: a minha assinatura seria o que eu entregaria ao mundo, mesmo quando o mundo me entregasse dor.

E foi justamente numa fase em que a alma pedia leveza que uma simples viagem entre amigas mudou tudo. Estávamos todas em fases delicadas, buscando renovar nossas forças, reencontrar motivos para sorrir. E ali, em meio a risos, conversas sinceras e vínculos de verdade, conheci uma família animada — até meio doida — que me acolheu de braços e alma abertos.

Uma mulher, até então desconhecida, se tornou minha sogra e me apresentou seu filho. E naquele instante, sem anúncio, a vida virou poesia. Rodrigo Mello apareceu sem promessas, mas com presença. Com ele, aprendi que é possível confiar de novo, amar de novo, recomeçar com os pés firmes no chão e o coração em paz.

E quando os médicos diziam que eu não poderia ser mãe, Deus, mais uma vez, provou que Ele é quem escreve as promessas. Contra todos os diagnósticos, chegou Antonella — meu maior legado. Ela não veio apenas para me transformar em mãe, mas para me lembrar de quem eu realmente sou: uma mulher que vence.

Por ela, dei mais um salto. O mundo corporativo já não me bastava. Queria mais tempo, mais liberdade, mais autonomia. Queria estar presente, mas sem deixar de ser potente. Foi então que iniciei minha formação em moda e mergulhei na Consultoria de Imagem. Ali, ajudei mulheres a se olharem no espelho com amor e verdade. Transformava o externo, mas algo em mim dizia: "Ainda falta."

Eu queria transformar por inteiro. Não só o que se via, mas o que se sentia.

E foi aí que, mais uma vez, mesmo entre críticas e ataques de quem deveria me apoiar, mulheres que diziam praticar a sororidade, mas foi só decepção, recebi mais um sinal de Deus: conheci o Seminário de Inteligência Emocional ÁGUIA, liderado pelo mentor José Carlos Boito. Naquele encontro, eu renasci. Entendi que minha missão era muito maior. Eu precisava guiar pessoas rumo à sua própria essência. Precisava mostrar que é possível ser forte sem deixar de ser sensível. Que é possível cair e levantar com elegância, com verdade, com identidade.

Hoje, como treinadora master em inteligência emocional, palestrante e mestre em oratória, trago não só técnica, mas presença viva. Trago alma. Trago experiência. Levo às minhas clientes, alunos e plateias a chave para acessarem sua melhor versão. Ensinar que não somos definidos pelas quedas, mas por como decidimos levantar.

Mas justo quando tudo parecia se alinhar, quando eu finalmente me sentia realizada, veio o maior baque da minha vida: um infarto levou uma parte de mim — minha tia Clarice. Hoje, assim como sempre foi, ela é o MEU ANJO.

Ela partiu há menos de dois anos, e com ela, um pedaço da minha história. A mulher que sempre foi minha fortaleza silenciosa, presença constante, referência de amor. Mal pude respirar o luto quando, menos de trinta dias depois, outro golpe: minha mãe recebeu, repentinamente, o diagnóstico de um câncer.

O susto, a cirurgia invasiva, os dias de incerteza, as noites de oração. Estávamos novamente afogados na dor, na angústia, no medo de perder de novo. Era como se um furacão tivesse invadido nossa casa e arrastado nossa paz. Mas, como sempre, depois da noite mais escura, vem a alvorada.

Foi nesse abismo que Deus se manifestou mais forte. Ele nos uniu, nos sustentou, nos ergueu. A dor virou cola. O medo virou fé. A perda virou propósito.

E hoje, olhando para cada capítulo que vivi, entendo com clareza: a minha assinatura está em tudo. Na menina que dançava com o coração, na jovem que não aceitou parar, na mulher que rompeu barreiras, na mãe que renasceu, na treinadora que transforma vidas.

Esse é o meu legado. Não feito de troféus ou títulos, mas de verdades vividas.

Porque, no fim, a sua assinatura é aquilo que ninguém pode apagar. É a marca que você deixa nas pessoas, no mundo, na eternidade. E a minha, eu deixo com amor, coragem e a certeza de que fiz — e continuo fazendo — A DIFERENÇA. Mas de tudo que eu assino nessa vida, a marca mais linda e eterna que deixo no mundo se chama Antonella.

"Agradeço a Deus, a minha família, e aqui peço perdão pelas ausências, mas nunca deixei de sentir o amor e o apoio incondicional de vocês. Aos meus verdadeiros amigos, ao meu mentor, José Carlos Boito — exemplo de liderança, generosidade e visão — por abrir caminhos e compartilhar ensinamentos que transformaram minha jornada. Aos grandes profissionais que cruzaram meu destino, aos sinais divinos que me guiaram mesmo nas maiores diferenças, e ao Gustavo Martínez, pela confiança e oportunidade de fazer parte de um projeto tão lindo e transformador. Minha eterna gratidão a cada um que assinou comigo esse legado."

Vanessa Bergamini

@vanessabergamini_espansione

Vanessa Bergamini

A MINHA ALMA ENCONTROU LIBERDADE QUANDO ENTENDEU QUE SERVIR COM PROPÓSITO É MUITO MAIS PODEROSO DO QUE SEGUIR COM STATUS.

Sou mulher, empreendedora, eterna aprendiz e filha da Eunice e do Oswaldo, a quem dedico cada conquista. Eles me deram a vida e os valores para trilhar meu próprio caminho. Desde menina fui movida pela curiosidade e pela coragem de romper limites. Foi na educação que encontrei asas para voar além do que diziam ser possível — transformei desafios em aprendizados, quedas em força e conhecimento em liberdade.

Este capítulo é um convite para olhar para sua própria história, encontrar o que te move e transformar isso em realização. Independente da forma de trabalho que escolher, pense no que você se torna por meio dele, porque ele faz parte das histórias que te constituem e da marca que deixará por onde passar. Nas próximas páginas, compartilho minha energia e história com você. Espero de verdade que conquiste a liberdade de escolher seus próprios caminhos com leveza, confiando em si e valorizando cada passo da sua trajetória.

Acesse o QR code ao lado:
conheça mais sobre a autora e escritora Vanessa Bergamini e seus projetos.

28 QUANDO VOLTAR À ORIGEM SE TORNA A ESTRATÉGIA MAIS PODEROSA

Por Vanessa Bergamini

"Voltar à origem não é regredir. É alinhar. É reconectar.
É preparar o terreno para crescer com raízes."

O ano era 2020. O mundo ainda tentava compreender a chegada abrupta da pandemia, enquanto dentro de mim o abalo já havia começado seis anos antes. Eu já estava em colapso silencioso, mesmo sem entender direito. Não era uma crise de carreira, era uma crise de identidade. Uma voz sutil, mas persistente, dizia que meu caminho precisava ser outro. E não seria um caminho comum, previsível ou linear. Eu pressentia que algo em mim clamava por uma reinvenção, não para agradar, não para me provar, mas para, enfim, me pertencer.

Naquele tempo, eu ainda trabalhava numa multinacional de cultura japonesa, em um ambiente predominantemente masculino. Durante 15 anos, fui moldada. Quando entrei, aos 21 anos, era só uma garotinha buscando seu lugar ao sol e se descobrindo. Ali, cresci. Aprendi. Me superei. Tornei-me a única mulher coordenadora de vendas corporativas e novos negócios em uma empresa onde os cargos de liderança eram, em sua maioria, dominados por homens.

Aos poucos, percebi que não bastava ser boa. Era preciso ser inteira e intensa — e isso foi se perdendo. Algo essencial em mim se dissolvia cada vez que eu vestia o crachá. Com ele vinha uma identidade que me dava *status*, segurança, conforto e, ao mesmo tempo, me afastava, dia após dia, da minha essência.

Comecei a sentir um vazio que o salário não preenchia. Os benefícios não anestesiavam. O título não compensava. Mesmo rodeada de pessoas e resultados, eu me via sozinha.

Era como se minha alma estivesse se encolhendo para caber nas exigências daquele mundo que se tornava cada vez mais pesado. Mas tudo isso acontecia num plano ainda inconsciente. Eu apenas sentia, sem saber nomear. Até que um dia, esse incômodo ganhou clareza. Foi quando entendi, de forma intensa, que a liberdade era um chamado.

Naquela época, recebi um convite para palestrar no maior evento do mercado automotivo, setor em que ministrei treinamentos técnicos, estratégicos e comportamentais por anos. E tudo isso com o aval dos meus superiores, que entendiam o real propósito do trabalho em profissionalizar o setor e me incentivavam para que eu pudesse expandir além da estrutura que a empresa me proporcionava, e claro que tudo isso mantendo a ética profissional.

Mas, após uma reestruturação e a chegada de uma nova gestão na área, tudo mudou.

Quando o convite para palestrar chegou, me comportei como das vezes anteriores: conversei, expliquei e pedi autorização para a diretoria. Ele simplesmente olhou para mim, não para meu histórico, não para minha entrega, não para minha reputação e vetou minha participação. Julgou que eu não era capaz de estar naquele lugar. A frase dele, dita com frieza, ecoou dentro de mim como um golpe seco e, sem ter consciência, assumi essa crença como verdadeira — isso me bloqueou por anos.

Aquelas palavras encontraram em mim um espaço frágil, plantando uma crença silenciosa: a de que eu não era boa o suficiente. A partir dali, sem perceber, comecei a me afastar do que mais me motivava: treinar, ensinar e contribuir. Aquilo que antes me preenchia e me fazia vibrar foi sendo deixado de lado. Eu parei. Me silenciei. Apaguei a própria luz por um bom tempo.

Sete anos depois, em um mergulho profundo de autoconhecimento e questionamentos, essa dor adormecida veio à tona em forma de respostas, emergindo do subconsciente para o consciente, me trazendo clareza e entendimento para ressignificar, me libertar e recomeçar.

Naquela época, eu não tinha a inteligência emocional e nem a sabedoria que tenho hoje para que eu pudesse me blindar, mas foram as experiências sentidas na pele que me tornaram a pessoa que sou. Hoje, tenho muita gratidão por todos os desafios que enfrentei na minha carreira e na minha vida. O grande aprendizado é que, quando sabemos quem somos, ninguém pode nos limitar.

Foi nesse processo que a minha grande verdade se revelou com força: quando perdi o brilho nos olhos, entendi que não poderia mais ficar. Olhava para as lideranças e não me via refletida. Não havia inspiração, não havia exemplo, não havia mais propósito. A cultura da empresa estava se desfazendo de dentro para fora. Era um ambiente doente e pior: silenciosamente doente. Muitos sentiam, poucos reconheciam. A cultura escrita nos quadros espalhados pela empresa não era congruente com os comportamentos e ações praticadas no dia a dia.

A minha ruptura foi interna antes de ser visível. Antes de ser demitida, eu já havia me desligado emocionalmente, não apenas por esse fato que relatei, mas por tantos outros. Sabia que precisava seguir, mas não imaginava o tamanho do luto por tudo que aquela vida representava. Quando o desligamento aconteceu, não chorei pela perda do emprego, mas pela dor de me despir de armaduras que estavam impregnadas em minha própria pele.

Afinal, quando você é moldada por um sistema por tanto tempo, sair dele exige reaprender a caminhar com as próprias pernas, sem mapa, sem crachá, sem plateia e, para agravar, em um cenário totalmente incerto. Foi como pisar em ovos, com o corpo tenso, a mente acelerada e o coração ansioso.

Eu precisei, pela primeira vez, acolher a minha própria vulnerabilidade. E isso foi assustador e desafiador, porque durante anos vesti a armadura da mulher forte, resolutiva, destemida, um tanto rígida, que sempre dava conta de tudo, que dificilmente pedia ajuda e não admitia errar, eu estava esgotada. Não havia espaço para parar, para sentir, para fraquejar. Eu me acostumei a calar a alma em nome da aceitação, do reconhecimento e das responsabilidades.

Mas o silêncio que veio depois da saída, esse vazio que parecia me engolir, me forçou a olhar para dentro. E quando olhei, encontrei uma avalanche de sentimentos que estavam soterrados sob camadas profundas.

Tudo aquilo que eu não tinha me permitido sentir veio à tona como uma onda intensa, incontrolável e inevitável. Inclusive o luto pela morte da minha mãe, que durante anos ficou guardado numa gaveta silenciosa de culpa.

No dia em que ela partiu, eu ia visitá-la, mas mudei o caminho por causa de uma entrega urgente no trabalho, mudei a rota e fui para casa.

Carreguei esse peso no peito por muito tempo, como se aquele desvio tivesse custado a chance de eu me despedir.

Hoje, com mais maturidade e compaixão, entendo que eu simplesmente não estava pronta para encarar a dor naquele momento. E tudo bem. Porque o autoperdão foi o remédio para a cura.

Foi um processo intenso, doloroso, mas profundamente libertador.

Porque ali, no deserto da ausência de títulos, tarefas e rotinas, eu comecei a jornada para a origem. A vida dá sinais quando a gente está fora do eixo. Preste atenção e não ignore os desconfortos, porque eles são uma bênção de Deus sinalizando que é hora de voltar à origem.

Encontrei uma Vanessa sensível, leve, forte, intuitiva, criativa, espiritualizada, mais conectada com algo muito mais sutil e verdadeiro. Uma mulher que não precisava mais provar nada para ninguém e que não se permite mais caber em caixinhas pré-estabelecidas. Que defende o que acredita, que tem clareza de direção e que busca escolher as pessoas alinhadas com seus valores, energia e propósito para fazer parte da sua trajetória de vida e carreira empreendedora.

Eu passei a enxergar os negócios e a vida sob uma nova ótica. Uma ótica que não parte mais da escassez, do controle, da competição ou do esforço bruto. Mas da presença, do sentir, da escuta, da fluidez e da intenção, onde Deus está no centro de tudo, o tempo todo e a natureza se tornou a minha principal conselheira.

Hoje, eu vejo as pessoas.

Busco senti-las, compreendê-las, reconhecer suas dores e suas verdades, mas tendo discernimento de contribuir sem carregar pesos que não me pertencem.

Antes, eu me blindava.

Hoje, eu me abro para desbravar o Universo particular que mora em cada ser, procurando enxergar além das aparências.

Porque a verdadeira liberdade, eu descobri: é quando você se permiti ser quem é, mesmo que não seja mais quem os outros esperavam.

É ter a coragem de abandonar os papéis que já não te servem.

É entender que a força está na sua capacidade de ser vulnerável.

É ter a capacidade de liderar a própria vida, fazendo escolhas que alinham razão e emoção, mente e coração, mesmo sabendo que a estrada é incerta.

É entender que o resultado não te define. Seu valor não está em quantas metas você bate, mas sim no impacto que você gera por meio de suas ações, das pessoas que você dá e recebe contribuição por meio do seu trabalho ou negócio.

É compreender a necessidade de equilibrar seu plano de vida ao seu plano de carreira, porque é possível, sim, trabalhar e ter satisfação quando há esse alinhamento. É possível, sim, se divertir e ter leveza no trabalho quando se tem clareza do que tem real valor para você.

Descobri que liberdade não é ausência de medo, mas a coragem de agir com o coração apesar do medo. E que desbravar o mundo só é possível depois de desbravar a si mesmo. Essa, para mim, é a maior e mais verdadeira conquista que um ser humano pode alcançar.

Hoje, quando olho para trás, não vejo fracassos. Vejo um rito de passagem, onde a queda da muralha foi, na verdade, o início da construção de um caminho autêntico, leve e com sentido que só poderia florescer sobre solo fértil.

A minha alma encontrou liberdade quando entendeu que servir com propósito é muito mais poderoso do que seguir com *status*.

E foi nesse servir que reencontrei uma parte de mim que eu nem lembrava que existia, a criança que silenciei e reencontrei.

Quando criança, eu amava escrever, expressar meus pensamentos e sentimentos com palavras, compartilhar meu conhecimento pela comunicação verbal ou escrita, sempre foi algo natural e por isso sempre quis dar aulas, ensinar e educar. Mas cresci ouvindo que isso não dava futuro, que não era reconhecido, não pagava bem. Então, fui para onde havia uma falsa segurança e, mesmo seguindo o caminho corporativo, o destino me encontrou. Fui convidada para dar aulas, palestras e treinamentos pela Universidade do setor automotivo, até ser impedida por esse diretor que havia chegado do mercado para assumir a área comercial, como relatei.

Mas não culpo ninguém, o NÃO dele só me deu forças para trilhar meu próprio caminho e buscar minha liberdade. Tropecei, tive muitos obstáculos ao percorrer o caminho que me trouxe até aqui, mas cada um deles me fez descobrir mais sobre mim, me fortaleceu para recomeçar e seguir em frente, contemplando a jornada e aprendendo com ela. E poder compartilhar isso tudo com você demonstra a superação e a cura emocional que só foi possível com o retorno à origem.

No reencontro com a minha essência criativa, nasceu uma nova versão de mim e, com ela, um trabalho íntegro e alinhado com quem eu realmente sou. Hoje minha empresa que se chama *Espansione*, tem a missão de construir marcas com propósito, que começa pelo posicionamento da marca empregadora, alinhada com treinamentos comportamentais que desenvolvem pessoas e sustentam o negócio, para depois pensarmos no posicionamento externo para o cliente, afinal: Quem produz? São as pessoas. Quem vende? São pessoas. Quem atende o cliente? São pessoas. Quem compra? São as pessoas. Quem contrata? São as pessoas. Quem é responsável por proteger a cultura da empresa? Os líderes. Então, como ter uma marca consistente sem atrair, contratar e reter talentos? É preciso gerar uma proposta de valor diferenciada para atrair, reter e despertar o desejo de permanência desses colaboradores, honrando o que se é, fala e faz dentro e fora da empresa. Por isso, me tornei uma profissional de *branding*, especialista em marca empregadora e treinadora comportamental. Porque somente assim poderia trabalhar a marca da forma como acredito, junto às empresas e profissionais, com a intenção de tornar as empresas um ambiente de troca e crescimento e não por disputa de egos onde os resultados são conquistados às custas da saúde emocional e mental da equipe — esse resultado não é próspero.

Na minha visão, marca é uma obra em constante construção. É movimento, é evolução e você é uma marca. Todos os dias, tem a oportunidade de gerar impacto ou apenas passar despercebido, independente do trabalho que faça, a escolha é sua.

Foram mais de 20 anos caminhando ao lado de empresários e empreendedores, 15 no mundo corporativo e 5 empreendendo. E o que ficou evidente para mim é que não adianta uma estratégia brilhante sobre uma base frágil.

A raiz dos desafios de uma empresa raramente está no mercado. Está na cultura. Nos valores. Nos comportamentos, no jeito de fazer as coisas no dia a dia. Está dentro. E, na maioria das vezes, é o próprio empreendedor que limita o crescimento do negócio por meio dos seus comportamentos.

Pessoas brilhantes, criativas, mas que travam diante do medo do julgamento e da comparação.

Cheias de ideias, mas sem clareza de direção.

Corajosas, mas atropeladas pela pressa e pelo imediatismo, tomando decisões impensadas e prematuras.

Presas no controle e no receio de errar, não conseguem delegar e acabam afundadas em sobrecarga, fazendo do que deveria ser prazer, um fardo.

Muitos se precipitam na escolha de sócios, sem antes olharem para seus próprios valores. E quando os resultados não vêm, o que se rompe não é o negócio, é a conexão.

Sentem, no dia a dia, os efeitos de uma cultura frágil: contratações desalinhadas, equipes desmotivadas, clima pesado e resultados comprometidos.

Muitos empreendedores e empresários desejam colaboradores comprometidos, mas desconhecem o poder da marca empregadora. Esquecem que a marca forte começa por dentro. Começa pelas pessoas.

Foi observando tudo isso que nasceu o meu jeito de trabalhar: um olhar que vai além dos números, que escuta o não dito, que acessa a origem.

E o que começou de forma intuitiva, virou método.

O Origem Estratégica é isso: um reencontro com a verdade que existe por trás da marca, que educa as empresas e seus colaboradores para caminharem lado a lado.

É entender que *branding* não é o que você quer parecer. É o que você verdadeiramente é e tem coragem de sustentar todos os dias, por meio de uma cultura clara que expresse o DNA dos donos.

Olho para trás e compreendo que tudo o que vivi foi um preparo.

Cada passo, cada escolha, cada transição, da vida corporativa ao empreendedorismo, tudo moldou a consciência que carrego hoje.

E essa consciência me conduz ao que verdadeiramente faço: levar lucidez aos empreendedores e profissionais.

Experiência transformada em método, que dei o nome de Origem Estratégica. Porque não existe crescimento sustentável sem raízes profundas, sem solo fértil.

Não basta crescer. É preciso crescer com sentido.

E sentido só se constrói quando há cultura. Quando há clareza da origem, dos valores que sustentam a visão e do propósito que une pessoas a algo maior do que elas mesmas.

O que faço é quase como levar o remédio na dose certa para curar os sintomas do desalinhamento entre marca, negócios, pessoas e comunicação. Tudo precisa ser congruente e fazer sentido, de dentro para fora.

Porque nenhuma estratégia se sustenta quando o ambiente adoece, e já vi muitos empreendedores e profissionais adoecerem no trabalho.

A cultura é o ponto de encontro. É onde a marca se alinha com as pessoas. É o que transforma empresas em espaços de crescimento, colaboração e pertencimento, onde se compartilham ideias, se multiplicam talentos e onde cada um sente que faz parte de uma causa, e não apenas de uma obrigação. É onde nasce o sentimento que dá vida a uma marca.

Quando cultura e pessoas dão match, o resultado é mais do que lucro. É leveza, é engajamento, é continuidade, é reputação, é valor. Eu acredito que isso é o que sustenta um negócio a longo prazo.

Porque marca forte é reflexo de gente em movimento: gente que pertence, que se conecta, que constrói junto. E trabalhar a marca empregadora é o primeiro passo para que isso aconteça de forma intencional, verdadeira e estratégica. Essa é a essência do que eu faço.

E cada parágrafo aqui escrito só foi possível porque teve entrega, estudo, experiência vivida e sentida na própria pele, para poder abrir caminhos para quem quer de verdade construir um negócio de impacto e não apenas vender produtos e serviços.

Marca não é sobre aparência. É sobre presença.

Marca forte é reflexo de gente forte: líderes fortes, colaboradores fortes e empresários fortes.

Líderes que se conhecem, que se respeitam e que mantêm a cultura viva são líderes inspiradores. Eles não se deixam levar pelo ego, mas sim pelo desejo genuíno de promover crescimento em um ambiente de troca saudável.

E foi assim, entre perdas e reencontros, entre crises e descobertas, que eu entendi: voltar à origem é, sim, a estratégia mais poderosa para seguir com verdade, com força e com sentido. Quando voltei à origem, eu resgatei minha força, meu brilho, minha autenticidade para, então, construir uma cultura e uma marca real e congruente com quem me tornei.

Se isso conectou com você, talvez esteja na hora de olhar para dentro.

De silenciar o barulho das metas por um instante e ouvir o que sua marca está dizendo ou gritando por dentro.

Porque crescer sem estrutura cansa, desmotiva e uma hora desaba.

Se você sente que a cultura da sua empresa precisa ser resgatada e sua marca fortalecida, eu posso caminhar com você.

Vamos juntos alinhar pessoas, marca e negócios, devolver o propósito ao centro e transformar sua marca em um ambiente vivo, saudável e pulsante de dentro para fora.

A primeira mudança começa na consciência.

E se você chegou até aqui, ela já começou.

VERA LÚCIA DA SILVA

@estetica.vera

@vera.estetica

esteticavera.com.br

O SEU CORPO QUER VIVER. SUA MENTE QUER PAZ. SUA ALMA QUER REENCONTRO. E TUDO ISSO COMEÇA COM UM GESTO SIMPLES: SE PRIORIZAR.

Eu sou a Dr.ª Vera Lúcia da Silva, formada em Estética e Cosmética, com mais de 15 anos de atuação clínica. Sou pós-graduada em Terapia Ortomolecular e Tratamentos Injetáveis e estou na fase final da graduação em Biomedicina, neste ano de 2025.

Unindo experiência prática e ciência, desenvolvo protocolos que integram saúde, estética e bem-estar de forma personalizada. Meu propósito é ajudar cada pessoa a reencontrar a autoestima, o equilíbrio e a força de viver com mais leveza, de dentro para fora.

Acesse o QR code ao lado:
conheça mais sobre a autora e escritora Vera Lúcia da Silva e seus projetos.

29

CUIDANDO DA SAÚDE: A INFLUÊNCIA DA SAÚDE FÍSICA E MENTAL NA FELICIDADE

Por Vera Lúcia da Silva

Quantas vezes você já sentiu cansaço sem explicação, vontade de chorar sem motivo ou aquela sensação de que está vivendo no automático?

O corpo dá sinais. A mente também. Mas, na correria do dia a dia, aprendemos a silenciar dores, ignorar sintomas e seguir em frente — mesmo quando algo dentro de nós grita por socorro.

A boa notícia é: **ainda dá tempo**.

O seu corpo pode se regenerar. Sua mente pode reencontrar o equilíbrio. Você pode voltar a se sentir vivo, leve e conectado com quem você realmente é.

Neste capítulo, quero te conduzir a um cuidado mais consciente com você mesmo. A entender como a alimentação, o movimento, o sono, as emoções e a espiritualidade podem transformar sua saúde física e mental, de dentro para fora.

Dois neurotransmissores fundamentais para manter o corpo e a mente em equilíbrio são a serotonina e a dopamina.

Eles funcionam como mensageiros químicos no cérebro, regulando as emoções, o comportamento, o apetite, o sono, a motivação e até a imunidade.

Serotonina: o neurotransmissor do bem-estar

É responsável por regular o humor, o sono, o apetite e o funcionamento intestinal.

Cerca de 90% da serotonina é produzida no intestino, mostrando o quanto nossa saúde emocional está ligada à saúde digestiva.

Baixos níveis de serotonina estão associados à depressão, à ansiedade, à compulsão alimentar, à TPM intensa, à dor crônica e aos distúrbios do sono. Além disso, a serotonina é a **precursora da melatonina**, o hormônio do sono profundo.

Sem serotonina suficiente, o corpo não consegue produzir melatonina adequadamente, e isso afeta diretamente a qualidade do sono.

Durante o sono profundo, o cérebro ativa mecanismos de "limpeza" que removem toxinas e resíduos acumulados ao longo do dia. Por isso, dormir bem não é luxo, é regeneração cerebral. E tudo começa com um intestino equilibrado e bons níveis de serotonina.

Dopamina: o neurotransmissor da motivação e recompensa

Ela é a responsável pela sensação de prazer, de foco, da produtividade, do aprendizado e da iniciativa.

Quando você realiza algo prazeroso ou atinge um objetivo, a dopamina é liberada. Baixos níveis de dopamina resultam em falta de motivação, procrastinação e fadiga mental, além de vícios por açúcares, carboidratos, álcool, cigarro, redes sociais, comportamento compulsivo, dificuldade de concentração, etc.

A queda da serotonina e da dopamina pode ter várias causas, muitas delas ligadas ao estilo de vida moderno. Nas últimas décadas, especialmente nas grandes cidades — marcadas por alta tecnologia, rotina acelerada, pouco descanso e excesso de estímulos artificiais —, esses fatores têm estado diretamente ligados a vários desequilíbrios na saúde física e mental.

E como chegamos a esse estilo de vida tão desgastante?

O que era para ser avanço e conforto passou do ponto. A tecnologia trouxe benefícios, mas também criou um ambiente hostil para o corpo e a mente.

Vivemos conectados, mas desconectados de nós mesmos. Celular na mão o tempo todo, mas pouco tempo com nós mesmos e com pessoas reais ao nosso redor.

O estilo de vida moderno nos faz movimentar menos, pensar mais e nutrir menos. Ficamos horas sentados diante de telas, sem mexer o corpo. A alimentação se tornou rápida, industrializada, rica em calorias, mas pobre em vitaminas, minerais e aminoácidos essenciais.

Com isso, o corpo perde energia, o intestino se desequilibra, a imunidade cai e o cérebro sofre — abrindo caminho para doenças físicas e mentais.

Efeitos do estilo de vida moderno

Esse estilo de vida moderno, marcado por estresse crônico, má alimentação, sedentarismo, excesso de informações e solidão emocional, está gerando um colapso interno silencioso.

Só que esse colapso se manifesta em sintomas cada vez mais comuns:

- Vícios em açúcar, cigarro, álcool, drogas, alimentos ultraprocessados, redes sociais, medicamentos, etc.
- Depressão e ansiedade sempre presentes no dia a dia das pessoas.
- Doenças sistêmicas como diabetes, hipertensão, obesidade, doenças autoimunes e distúrbios hormonais, e outros.
- Quadros graves de esgotamento emocional e suicídio, muito comuns em jovens e mulheres sobrecarregadas.

Tudo isso pode levar à síndrome de *burnout*: um esgotamento físico, mental e emocional, provocado por sobrecarga constante e ausência de pausas reais.

Ela é especialmente comum em pessoas que vivem no modo "piloto automático", sempre cuidando dos outros, mas se esquecendo de si mesmas.

Os sintomas vão se acumulando aos poucos: cansaço extremo, insônia, lapsos de memória, crises de ansiedade, apatia e até uma sensação profunda de vazio.

O mais preocupante é que o *burnout* se instala de forma silenciosa, até que, um dia, o corpo e a mente simplesmente travam.

Esse esgotamento não é apenas emocional: é também biológico.

Quando vivemos por muito tempo em estado de estresse, o corpo consome mais nutrientes do que recebe. É como tentar abastecer uma máquina com o tanque vazio: a mente colapsa, e o corpo começa a gritar por socorro.

Os hospitais estão lotados, os consultórios cheios, mas a causa principal não está apenas no corpo: está também na desconexão entre corpo, mente e espírito.

O que vemos hoje são organismos sobrecarregados de sintomas porque a mente está exausta, o espírito desconectado e as células, desnutridas.

A carência de vitaminas, minerais e aminoácidos essenciais empobrece o corpo por dentro e abre caminho para desequilíbrios físicos e mentais.

Como reverter o adoecimento e evitar o colapso físico e emocional

A boa notícia é que, mesmo quando o corpo e a mente estão em desequilíbrio, é possível reverter quadros de depressão, fadiga, ansiedade e controlar doenças já existentes com ações simples e poderosas.

Rose, 36 anos, chegou ao consultório exausta. Sentia dores no corpo, crises de ansiedade, compulsão por doces e chorava sem motivo. Trabalhava muito, cuidava da casa, mas se sentia invisível.

Com o tempo, ela entendeu que precisava cuidar de si, por dentro e por fora. Iniciamos mudanças simples: mais água, caminhadas leves, alimentos naturais e uma rotina de autocuidado. Tudo isso com o suporte do tratamento que já fazia.

Também incluímos uma suplementação suave, com nutrientes que ajudam a regular neurotransmissores como serotonina e dopamina — importantes para o humor, a energia e o bem-estar. Aos poucos, seu corpo foi respondendo.

Em poucas semanas, Rose começou a sorrir de novo. Acordava com mais disposição, voltou a se olhar no espelho com carinho. Ela não mudou tudo de uma vez, mas começou. E isso foi suficiente para transformar muita coisa em sua vida.

A alimentação é a base

A alimentação não é apenas um hábito, é uma necessidade vital para a sobrevivência.

É por meio dela que o corpo recebe os alimentos essenciais, como as vitaminas, minerais, aminoácidos, antioxidantes e desintoxicantes, para manter o equilíbrio do nosso corpo. Sem eles, nenhuma célula sobrevive, nenhum hormônio é produzido adequadamente e o cérebro não funciona em equilíbrio.

Por outro lado, quando ingerimos alimentos pobres em nutrientes, industrializados, inflamatórios e cheios de aditivos químicos, estamos entregando ao corpo calorias vazias, tóxicas e sem nutrientes. Isso é o que provoca doenças sistêmicas, depressão, ansiedade, queda da imunidade e desequilíbrios hormonais.

Para mantermos o equilíbrio do nosso organismo, existem alguns alimentos que nunca devem faltar na nossa alimentação por serem ricos em nutrientes essenciais que reduzem a inflamação sistêmica, melhoram o humor e fortalecem o sistema imunológico.

Alimentos que não podem faltar na rotina:

- **Verduras de folhas escuras**

Ricas em magnésio, ferro, clorofila e antioxidantes. Ajudam na saúde do fígado, intestino, circulação e equilíbrio hormonal.

Exemplos: *espinafre, couve, rúcula, agrião, escarola e taioba.*

- **Ovos**

Fonte completa de aminoácidos essenciais, colina, vitamina D e vitaminas do complexo B. Contribuem para a produção de neurotransmissores, como a acetilcolina (importante para memória e foco) e a serotonina (relacionada ao bem-estar).

Podem ser consumidos cozidos, mexidos ou em preparações saudáveis — sempre preferindo ovos caipiras ou orgânicos.

- **Frutas vermelhas**

Ricas em antioxidantes, protegem o cérebro, melhoram a memória e combatem o envelhecimento celular.

Exemplos: *morango, amora, framboesa, mirtilo (blueberry) e cereja.*

- **Oleaginosas**

Exemplos: *castanha-do-pará, nozes e amêndoas.*

- **Peixes ricos em ômega-3**

Promovem a saúde cardiovascular e cerebral, melhoram o foco, reduzem a ansiedade e combatem inflamações sistêmicas.

Exemplos: *sardinha, salmão, cavala, anchova e atum (preferencialmente selvagem e não enlatado).*

- **Alimentos fermentados**

Fontes naturais de probióticos ajudam a equilibrar a flora intestinal, favorecendo a produção de serotonina e o bom funcionamento do sistema digestivo.

Exemplos: *kefir, iogurte natural, chucrute, kombucha e missô (sem aditivos químicos).*

- **Leguminosas**

Ricas em fibras e triptofano, ajudam na saciedade, no bom funcionamento intestinal e na produção de neurotransmissores como a serotonina.

Exemplos: *grão-de-bico, lentilha, feijão-preto, feijão-branco, feijão-manteiga e ervilha seca.*

- **Água**

Essencial para todas as funções vitais do corpo, inclusive a produção de energia, a digestão e o equilíbrio hormonal. A desidratação pode causar fadiga, dores de cabeça, confusão mental, prisão de ventre e queda da imunidade.

Beba pelo menos 2 a 3 litros por dia — beba mais se praticar atividade física ou estiver em dias quentes.

- **Abacate**

Fonte rica de gorduras boas (como o ômega-9), magnésio, vitamina E e B6.

Acalma o sistema nervoso, ajuda a regular os hormônios, melhora o humor e proporciona saciedade.

Pode ser consumido puro, em saladas, vitaminas ou como creme natural.

- **Cacau puro (ou chocolate 70%, ou mais)**

Rico em antioxidantes, magnésio e feniletilamina — um composto natural que estimula sensações de prazer.

Ajuda na produção de dopamina, melhora o humor, reduz o estresse e promove bem-estar emocional.

Prefira versões com 70% de cacau ou mais, sem adição de açúcar ou leite.

Movimente-se: o corpo também precisa agir

Cuidar do corpo e da mente é essencial para o equilíbrio físico e emocional.

O movimento diário é um remédio natural para o cérebro, além de estimular a produção de dopamina, serotonina e endorfina — neurotransmissores que trazem bem-estar, disposição, alegria e equilíbrio emocional.

Você não precisa de academia ou musculação.

O importante é se mover. Pode ser uma caminhada no quarteirão, dançar na sala, subir escadas, alongar o corpo ao acordar.

Cada passo é um avanço rumo à saúde. O movimento melhora a circulação, ativa a energia e reduz inflamações, sendo fundamental para evitar doenças e viver com mais qualidade de vida.

Cuidar da saúde não é sobre seguir regras rígidas ou buscar perfeição. É sobre fazer escolhas conscientes, um passo de cada vez, com amor e respeito pelo seu corpo.

Você não precisa mudar tudo de uma vez. Comece onde você está, com o que você tem.

Beba mais água. Durma melhor. Coma com mais presença. Mexa o corpo. Diga "não" ao que te adoece e "sim" ao que te fortalece.

O seu corpo quer viver. Sua mente quer paz. Sua alma quer reencontro.

E tudo isso começa com um gesto simples: se priorizar.

Não existe fórmula mágica, mas existe uma verdade poderosa: quando você cuida de si, tudo começa a mudar. De dentro para fora.

"Não se amoldem ao padrão deste mundo, mas transformem-se pela renovação da sua mente, para que sejam capazes de experimentar e comprovar a boa, agradável e perfeita vontade de Deus."

— Romanos 12:2

Viviane Lima

@vivianelimaadvdeficiente

@vivianelima7771

@profvivianelima1365

ACEITAR NÃO ERA DESISTIR. ERA PARAR DE VIVER EM FUNÇÃO DA ESCLEROSE E COMEÇAR A VIVER COM ELA.

Sou Viviane Lima, tenho 56 anos, advogada especializada em Direito Previdenciário, com foco na aposentadoria da pessoa com deficiência e benefícios por incapacidade. Técnica em Contabilidade, atuo há mais de 20 anos defendendo os direitos de quem mais precisa. Convivo com esclerose múltipla desde 2012, o que reforçou meu compromisso com essa causa. Sou mãe da Carolina e do Gabriel, avó do Pietro e companheira do Celso.

Sou bem-humorada, falo muito, adoro um bate-papo e não fujo de um bom debate, seja qual for o assunto. Amo cozinhar, cantar e dançar — mesmo com algumas limitações, celebro a vida. Tenho muita fé, sou apaixonada por vídeos no YouTube, leitora curiosa e eterna estudante: desde a faculdade, nunca parei de aprender. Adoro organizar festas e, no Natal, viro a "louca do Natal". Estou sempre disposta a ajudar quem se sente perdido ou afastado de Deus, oferecendo apoio, acolhimento e esperança.

Acesse o QR code ao lado:
conheça mais sobre a autora e escritora Viviane Lima e seus projetos.

30 O PODER DA FÉ

Por Viviane Lima

Viviane é uma mulher resiliente, de fé inabalável e coragem diante das adversidades. Diagnosticada com esclerose múltipla em 2012, ela passou por um processo intenso de adaptação, em meio a desafios e limitações físicas. Sua jornada de autoconhecimento e superação se entrelaça com a fé e o apoio de pessoas fundamentais, como o Padre Joãozinho, que a ajudaram a resgatar sua espiritualidade e encontrar forças para seguir em frente.

Viviane não se deixou definir pela doença, mas construiu uma nova identidade de luta e acolhimento, ajudando outras pessoas com a mesma condição. Ela é advogada, especializada em direito previdenciário e aposentadoria da pessoa com deficiência, e tem se dedicado a lutar pelos direitos e pela conscientização das pessoas com deficiência: pois vive essa realidade na pele. Viviane canta no coral da igreja e, apesar das limitações físicas que ainda enfrenta, continua trabalhando, buscando novos aprendizados e ajudando outras pessoas com a mesma condição.

Ela tem 56 anos, é mãe de dois filhos, Carolina e Gabriel, e avó de Pietro. Seu companheiro, Celso, tem sido seu parceiro constante. Mesmo com as dificuldades que ainda enfrenta, Viviane vive com a certeza de que sua missão não se resume à doença, mas ao legado de fé e resiliência que transmite a todos ao seu redor. Ela acredita que, apesar dos desafios, a cura ainda é possível, e sua vida é um testemunho de que a superação vai muito além dos limites do corpo.

A parábola de Viviane e a árvore

Certa vez, havia uma árvore jovem no jardim de uma pequena vila. Ela crescia firme, com folhas verdes e ramos que se estendiam ao sol. No entanto, um dia, uma tempestade forte chegou, derrubando galhos e deixando-a curvada. As pessoas da vila acreditaram que a árvore estava perdida. Mas um velho homem, sábio e pacífico, olhou para ela e disse: "A árvore não está morta, ela só está se adaptando. Não é a tempestade que determina seu destino, mas a força de continuar a crescer."

Os anos se passaram e a árvore, embora curvada e com menos folhas do que antes, continuou a crescer. Seus galhos se tornaram mais firmes, mais resistentes. Um dia, um pequeno pássaro pousou em um de seus galhos. O homem voltou à vila e, ao olhar para a árvore agora cheia de frutos, disse: "A tempestade não a destruiu, mas a moldou. E agora, ela gera frutos, frutos de fé e frutos de resistência."

Viviane, como a árvore, foi moldada pelas tempestades de sua vida. O diagnóstico de esclerose múltipla, como a tempestade, poderia ter destruído seu espírito, mas ela se adaptou. Com fé, superação e ajuda de outras pessoas, ela cresceu e encontrou um novo caminho. Hoje, assim como a árvore que gera frutos, Viviane gera inspiração para muitos, mostrando que a cura vai além do corpo: está na alma e na fé que nos mantém firmes, mesmo nas tempestades da vida.

O poder da fé

Fazer aniversário em junho sempre teve seu charme: clima mais frio, mesa cheia de comidas boas e claro, aquela desculpa perfeita para caprichar na produção e se sentir a estrela do dia. Em 2012, não foi diferente. No domingo à tarde, dia 17 de junho, me arrumei com todo carinho — coloquei minha melhor roupa, passei um batom marcante e fui linda, bela e maravilhosa para minha festa. Só que, naquele dia, junto com os parabéns, eu carregava um peso invisível, dolorido e silencioso: o diagnóstico recém-confirmado de esclerose múltipla.

Sim, justo no dia do meu aniversário.

E ninguém sabia, somente eu e meu marido. E ele estava proibido — terminantemente proibido — de contar para qualquer pessoa. Eu queria viver aquele momento como se nada tivesse mudado. Queria aproveitar meu bolo, as risadas, os abraços. E, por fora, eu consegui. Mas, por dentro, eu começava uma jornada completamente nova. Uma jornada que já me doía antes mesmo de começar.

Porque a verdade é que aquele diagnóstico não foi exatamente uma surpresa. Eu já vinha sentindo que algo não ia bem. Sempre fui ativa, frequentava academia há anos, e como estava querendo entrar de vez no mundo da corrida de rua, comecei a participar de algumas provas como iniciante. Foi nessas corridas que os sintomas começaram a aparecer. Um desconforto aqui, uma falha ali, e uma intuição estranha que foi crescendo dentro de mim. Quando o médico pediu o exame e falou que suspeitava de esclerose múltipla, eu congelei — porque eu sabia o que aquilo significava.

A esclerose múltipla não era um nome novo para mim. Era uma velha conhecida, minha mãe teve EM e passou os últimos sete anos da vida sob os meus cuidados, acamada, na minha casa, inclusive morreu dentro da minha casa num dia nublado e chuvoso de outono. Eu conhecia os bastidores dessa doença, sabia o que ela era capaz de fazer, por isso, quando veio a confirmação, doeu de um jeito que nem sei explicar. Foi um choque, um baque e um medo que me engoliu, mas mesmo assim, fui à minha festa. Sorri para as fotos, dancei, abracei e comemorei. Mas por dentro, uma parte de mim começava uma luta silenciosa.

Nos dias seguintes, a revolta tomou conta. Eu sou católica, mas na época, minha prática estava meio morna, meio falha e eu fiquei com raiva de Deus. Me perguntava por que Ele estava fazendo aquilo comigo. "Não é justo, Deus. Eu já vivi essa dor com a minha mãe, já fui filha de uma pessoa com esclerose múltipla. Por que agora eu também?"

Quando as pessoas vinham com aquele conselho típico de crente bem-intencionado: "Entrega sua vida nas mãos de Deus", eu respondia na lata: "Entrega a sua!" A fé estava lá, mas machucada, escondida debaixo de um monte de dor.

Foi aí que uma amiga — madrinha de Crisma do meu filho — pegou meus exames e levou até um padre que eu conhecia só de nome, o Padre Joãozinho, da Paróquia Nossa Senhora da Salete, na época. Pediu que ele rezasse por mim. Ele não falou diretamente comigo naquele momento, mas a atitude dela plantou uma semente. Ela me convidou para ir à missa dele, e eu fui. Segui frequentando as missas às quartas, sozinha, muitas vezes chorando e esmurrando o volante do carro e perguntando "por quê?". Eu ia sem saber o que ia encontrar, só sentindo que precisava estar ali.

Na Páscoa, em 2013, data que nunca mais esqueci, participei da procissão da sexta-feira da Paixão carregando Nossa Senhora, me emocionei tanto que algo ali dentro começou a mudar. Entrei para a Pastoral da Acolhida e meu companheiro foi comigo. Juntos, começamos a participar das missas de quarta-feira e aos domingos, nos aproximamos do Padre Joãozinho e, com o tempo, nos tornamos coordenadores da Pastoral da Acolhida. E, sem perceber, Deus foi ocupando os espaços que a dor tinha tomado.

Mais do que isso: Deus foi colocando no meu caminho pessoas que me moldaram, pessoas que me mostraram, com amor e paciência, que eu não precisava e nem conseguiria seguir sozinha. Que só ia dar certo se eu realmente entregasse minha vida nas mãos de Deus. Aquilo que eu rejeitei lá atrás, com raiva, agora fazia todo o sentido. E foi só quando eu fiz isso, quando me entreguei de verdade, que as coisas começaram a se ajustar. Foi quando os nós começaram a desatar. Os caminhos começaram a se abrir. E a fé, que parecia apagada, foi se acendendo novamente.

Claro, não foi fácil, teve sofrimento, "muito", teve choro escondido e choro escancarado, teve depressão e teve dias em que desejei morrer. Muitas vezes eu pedi para Deus me levar, porque achava que não ia aguentar mais, mas não era a hora. Eu ainda tinha um propósito aqui. Um legado a deixar.

Em 2014, viajei para Israel e Egito, subi o Monte Sinai. Mas não foi uma caminhada leve de peregrino sorridente. Foi uma subida de quatro horas, em que eu arrastava a minha perna literalmente, puxando-a pela calça, porque ela já não se movimentava mais. Ela tinha fadigado 100%. E eu pensava: "É aqui que eu vou parar." Lá pelas duas da manhã, olhei para o Padre Joãozinho e disse: "Padre, eu vou parar, não consigo mais." E ele respondeu com aquela firmeza e fé que vem do alto: "Não, filha, você vai comigo, vai todo mundo junto. Deus está aqui." E eu continuei. Cheguei ao topo por volta das quatro da manhã, às seis começamos a descida, que levei mais duas horas para concluir. Cada passo era uma oração, um desafio, uma entrega.

Nesse caminho, continuei buscando tratamentos. Fiz o protocolo da vitamina D, acreditando nas promessas de que eu poderia me curar. Em 2017, deixei esse tratamento de lado e fui para a Índia. Passei 30 dias lá, buscando alívio, transformação, respostas. Voltei pior do que fui. E a pergunta persistia: por quê?

Meu trabalho como advogada já estava em segundo plano. Os prazos venciam. Decidi pedir aposentadoria por invalidez, levei um "não" da perícia do INSS e ainda ouvi que eu nem havia comparecido, sendo que fui — discuti com a médica, aquilo me virou do avesso.

Foi aí que fiz um curso de Programação Neurolinguística (PNL), e ali caiu a ficha mais importante da minha vida: eu tinha criado uma identidade doente. Eu era só a Viviane com esclerose múltipla. Toda minha vida girava em torno disso: o que eu podia ou não fazer, o que poderia me melhorar, o que prometia cura. E cura, como sabemos, a esclerose não tem.

Então, eu decidi resgatar a Viviane, que tinha adormecido. Não para voltar a ser como antes, mas para me reconstruir. Tornei-me uma Viviane mais empática, menos agressiva, mais flexível. Comecei a trabalhar com mais intensidade, a colocar meus processos em ordem, a estudar, fazer novos cursos. E entendi, enfim, o que era "aceitar" a doença. "Aceitar não era desistir". Era parar de viver em função da esclerose e começar a viver com ela.

A pandemia chegou. Peguei COVID — aquela variante Delta, bem pesada. Entre as oito pessoas da minha casa, eu fui à segunda com sintomas bem leves. Ali entendi que nem tudo era culpa da EM. Havia outras batalhas, outros fatores. E com isso, veio mais clareza.

Em novembro de 2022, mudei para o Rio Grande do Sul, buscando uma nova vida. Aqui, as portas foram se abrindo. Em São Paulo, eu participava das missas, dos grupos de oração, dos Cercos de Jericó e rezava muito pela minha cura. Aqui, comecei a rezar mais pelos outros. A querer o bem das outras pessoas. E, sem perceber, fui ficando em segundo plano. Meu coração foi amolecendo. Comecei a enxergar meus defeitos, minhas falhas e a me perdoar. Pedi perdão ao meu companheiro, aos meus pais, mesmo eles já tendo partido e me aproximei muito dos meus filhos. Descobri que o maior milagre era esse: me transformar.

Hoje eu canto no coral da igreja, algo que sempre quis fazer. Trabalho muito. A maioria dos meus clientes tem esclerose múltipla, ou algum tipo de deficiência. Eu mostro para eles que é possível. Que a vida não acaba com um diagnóstico. Que, mesmo com limitações, a gente pode muito.

E acima de tudo, que a gente nunca pode perder a fé.

Hoje, com 13 anos de convivência com a esclerose múltipla, tenho limitações de movimento no lado esquerdo, tanto dos membros superiores quanto inferiores. A cura da esclerose ainda não aconteceu, mas faço terapias para manter os movimentos que ainda tenho e, se possível, recuperar alguns. É um processo diário, que exige paciência, persistência e muita fé. Muitas coisas me são impedidas hoje, mas, ao mesmo tempo, já conquistei tanto.

Em muitos momentos, vou a lugares e olho ao redor, pensando: "Eu já fiz isso um dia. Que bom que Deus me permitiu viver isso."

E é assim que, com a graça de Deus, consigo viver com tranquilidade. A fé que carrego dentro de mim ainda me diz que, um dia, tanto eu quanto qualquer outra pessoa com esclerose múltipla ou qualquer outra condição, pode ser curada fisicamente. Sei que a cura física vai acontecer, porque a cura emocional e espiritual já está acontecendo. Se hoje há tratamento, há esperança. E a fé que eu resgatei me dá forças para acreditar que a cura, para todos, ainda é possível.

Por fim, nunca foi "por quê?", e sim "para quê?". Não seria o que sou hoje se a esclerose múltipla não tivesse acontecido na minha vida.

Weslley Fernando Oliveira

@wf_fernando1

@institutodicastro

institutodicastro.com.br

> **VOCÊ TEM QUE CONFIAR QUANDO DEUS PEDE PARA CONSTRUIR UMA ARCA, MESMO QUANDO NÃO EXISTE CHUVA.**

Sempre sonhei grande, mas entendi que a verdadeira força não vem de nós, e sim de Deus. Foram 10 anos como engenheiro e outros 10 empreendendo até compreender que é Ele quem faz prosperar. Ao lado da minha esposa, fundamos a Di Castro Odontologia, onde já transformamos e ressignificamos mais de 10 mil vidas, nosso compromisso vai além dos sorrisos: ética, respeito, honestidade e responsabilidade guiam cada serviço que oferecemos. Também sou sócio do Colégio Objetivo Ouro Verde, com projeção de expansão de mil alunos para o próximo ano. Com a Newcastle Idiomas, impactei milhares de estudantes ao longo de 9 anos no ramo da educação. Apresento o *BrotherCast Empreendedorismo* com meu irmão, em conversas enriquecedoras com pessoas de visão. Além disso, lidero o departamento da família na igreja evangélica, pois acredito que o equilíbrio entre corpo, alma e espírito nasce da fé. Convido você a viver esta jornada e refletir sobre o poder da fé nos negócios e na vida!

Acesse o QR code ao lado:
conheça mais sobre o autor e escritor Weslley Fernando Oliveira e seus projetos.

31

DO IMPOSSÍVEL AO MILAGRE: O PODER REAL DA FÉ

Por Weslley Fernando Oliveira

"Ora, a fé é a certeza daquilo que esperamos e a prova das coisas que não vemos."

— Hebreus 11:1

Primeiro princípio básico da fé **é a confiança.**

É por isso que a fé não pode ser censurada. A fé não depende de lógica, de evidências visíveis ou de conforto. A fé é aquilo que nos mantém de pé quando tudo ao redor nos diz para desistir.

Fé não pode ser sensorial. Os sentimentos são enganosos.

Sentimos que Deus é bom no dia bom.

Mas nos perguntamos onde Ele está no dia mau.

Achamos que Ele é generoso quando as portas se escancaram.

Mas começamos a duvidar quando elas se fecham uma a uma.

Achamos que Deus é maravilhoso quando a notícia de uma gravidez chega.

Mas quantos já abandonaram a fé quando, na mesma casa, chegou a notícia de que o bebê já não estava mais vivo no ventre?

Se a nossa fé estiver firmada nos sentimentos, ela desmorona.

Se estiver firmada nas circunstâncias, ela oscila.

Mas quando está firmada naquilo em que cremos, e não no que vemos ou sentimos, ela permanece. E essa permanência gera frutos.

O salmista nos ensina algo poderoso. Ele diz:

"Mesmo que eu ande pelo vale da sombra da morte, mal nenhum eu temerei, porque Tu, Senhor, estás comigo."

O salmista está dizendo: o lugar por onde eu ando é temporário, é transitório.

Mas quem está comigo é eterno. O caráter d'Ele não muda.

A vontade d'Ele permanece. Ele não é homem para que minta, nem filho do homem para que se arrependa.

Se Deus disse que vai acontecer, no céu, já aconteceu.

Você tem que confiar quando Deus pede para construir uma arca, mesmo quando não existe chuva.

Você tem que confiar quando Ele te manda tocar o mar com um cajado, porque algo sobrenatural vai acontecer se você obedecer.

Você precisa confiar que aquela fornalha aquecida sete vezes mais não vai te consumir.

Você tem que confiar que os leões que rugem na cova não vão te devorar.

Você precisa confiar quando Ele diz: "Vem!", e você pisa sobre as águas, mesmo sem ver o caminho.

Você precisa confiar que o pão vai descer do céu todos os dias.

E por isso, você não precisa guardar para amanhã. Porque se guardar, apodrece.

Deus está dizendo: "Confie. A cada dia, Eu acrescentarei."

Este capítulo não é apenas uma história. É uma jornada vivida.

É o testemunho de alguém que descobriu que a fé não é teoria: é prática, é entrega, é confiança.

Mas quando a minha fé não está pautada naquilo que sinto, e sim naquilo que creio, independente das circunstâncias ao meu redor, nasce dentro de mim uma firme convicção:

Eu sei quem Deus é. E eu sei o que Ele pode.

Fé não é o que se sente. Fé é o que se sabe.

Porque sentimento é espaço, e o nosso coração é enganoso.

Mas o que você sabe sobre Deus é revelado na sua crise.

O que você crê sobre Deus é provado nos seus desertos.

A gente diz que Deus é bom. Que Ele é fiel. Que é Deus de promessas.

Mas é no vale, na prova, na dor, que o discurso sai de cena e a fé verdadeira assume o protagonismo.

E foi exatamente aí que a minha fé deixou de ser teoria e se tornou prática.

Foi ali, no deserto da vida real, que eu descobri o poder da fé.

Durante 11 anos da minha vida, trabalhei em uma multinacional, a *Honda Automóveis do Brasil*.

Era engenheiro, vivia uma estabilidade admirável aos olhos de qualquer um. Mas em 2016, uma demissão me fez traçar outro caminho, o caminho do empreendedorismo.

Nascia ali a *Newcastle Idiomas*, minha primeira franquia de escola de inglês.

O começo foi árduo, mas fui me moldando, aprendendo e colhendo frutos. As coisas fluíam bem. Cheguei a ter cinco escolas com meus sócios, e me sentia realizado como empreendedor. Mas então veio 2020... e com ele, a pandemia.

O que parecia um futuro promissor, virou fumaça.

As pessoas pararam de investir em cursos, as escolas foram fechando, uma por uma. De cinco, restaram duas, e posteriormente as duas passaram por uma fusão e se tornaram apenas uma. E, dentro de mim, restou quase nada.

Meu casamento passou por uma grande crise e a falência bateu na minha porta. Perdi o ânimo, a direção e, principalmente, a fé em mim mesmo.

Naquele momento, sentia que Deus estava me abandonando.

Cheguei ao fundo do poço, e quem já esteve lá sabe: quando se chega ao fundo, não dá mais para olhar para baixo.

Só me restava olhar para cima, onde está Deus.

Foi nesse momento que entendi algo que nunca havia enxergado antes: tudo o que construí até ali, eu fiz com as minhas próprias mãos. E, sim, sentia que Deus estava me chamando para um particular específico, para uma experiência jamais vivida antes. Deus queria de mim uma dependência. Deus queria de mim mais intimidade.

Nunca parei para orar e perguntar a Deus se aquilo era o que Ele queria para mim, pois sempre agi por impulso, ambição e vontade de vencer na vida.

Montamos as outras quatro escolas acreditando no meu esforço, no meu talento. Mas não entregava nada nas mãos d'Ele.

E aí estava o erro.

Porque, se não é aprovado por Deus, não vai.

Pode trabalhar 20 horas por dia, pode ter o melhor plano de negócios, pode ser o mais esforçado. Mas sem a bênção d'Ele, nada se sustenta.

Foi nesse quebrantamento que voltei os olhos ao céu.

E Deus começou a trabalhar na minha vida.

Minha esposa Andrielle, um exemplo de mulher de fé, sempre esteve comigo, sempre me apoiou, uma mulher de caráter, sábia e inteligente, que mudou meu jeito de acreditar no poder da fé. As experiências que ela já teve sobre fé com Deus me influenciavam a desenvolver minha própria fé.

Ela é dentista e nós tínhamos uma clínica odontológica, e com a direção de Deus, estava prosperando.

Depois de alguns anos, eu comecei a ajudá-la. Mas antes de qualquer decisão, começamos a orar, buscar, jejuar.

Foi então que, durante o esmagamento do meu próprio eu, descobri em Deus meu verdadeiro propósito. Tudo o que vivi serviu de ricas experiências para que pudéssemos acessar o plano de vida que, agora, Deus tinha para a minha família. A partir daí, não dávamos um passo sequer sem consultar a vontade de Deus.

Em uma dessas orações, recebemos uma direção por meio de uma palavra profética que disse: "Eu vejo um prédio espelhado, com o nome de vocês em destaque."

Aquilo ficou na nossa mente.

Seis meses depois, indo ao médico, passei por um lugar bonito.

Estava escrito: "Aluga-se". Fui ver. O aluguel era alto. Mesmo assim, debaixo da palavra que tínhamos recebido e ativando nossa fé no sobrenatural, entrei em contato com o proprietário.

Depois, falamos com Deus: "Se for da Sua vontade, toca no coração desse homem, faça-o aceitar as condições que eu posso pagar."

Porque, sim, naquele momento e fase da vida, não tínhamos condições de iniciar um projeto tão grande com nossas próprias forças.

Dias depois, o proprietário me ligou e aceitou tudo o que propus.

Foi aí que reparei com mais atenção: o prédio era inteiramente espelhado.

Sem uma parede sequer. Do jeito que tinha sido dito.

Ali tive certeza: era a resposta e confirmação de Deus.

Alugamos o prédio. Hoje, nossa clínica se tornou o *Instituto Di Castro Odontologia.*

E tudo segue em expansão porque foi gerado com fé, com oração e direção de Deus.

Aprendi da forma mais difícil, mas também da mais verdadeira: não importa o quão bom você seja, ou o quanto se esforce, se não for da vontade de Deus, não vai dar certo.

Hoje, antes de qualquer coisa, oro. Pergunto a Deus. Espero a confirmação. E sigo com fé. Porque a fé se tornou a ponte entre o que eu vivo e o que Deus já preparou para mim.

Fé e dúvida não coexistem.

É como diz a física: dois corpos não ocupam o mesmo lugar no espaço.

Assim também é no espírito: ou você tem fé, ou tem dúvida.

A dúvida paralisa.

A fé movimenta.

A dúvida questiona.

A fé confia.

Por isso, o poder da fé não está apenas em acreditar que Deus pode, mas em viver como quem sabe que Ele já fez.

E eu sou prova viva disso.

Eu sei que Deus é fiel em todas as suas promessas.

Eu sei que o choro pode durar uma noite, mas a alegria vem pela manhã.

Eu sei que mil podem cair ao meu lado, dez mil à minha direita, mas eu não serei atingido.

Eu sei que Deus é poderoso para fazer infinitamente mais do que tudo o que pedimos ou pensamos.

Eu sei que os inimigos que vierem contra mim por um caminho, por sete, fugirão.

Eu sei que há uma cidade, e nessa cidade há vida, a vida que estamos vivendo, e nesse lugar que não pode ser tocado, há um lar sendo preparado para mim.

Eu sei que cada sofrimento momentâneo está gerando em nós uma glória eterna, que pesa mais do que todos eles.

Eu sei que os homens carregam títulos e posições, mas não há glória humana maior que sermos chamados filhos de Deus.

Eu sei que é melhor ter a Palavra de Deus do que ter um bom plano.

Eu sei que é melhor depender do Autor e Consumador da minha fé do que depender de promessas de homens que falham ou de estratégias humanas que se frustram.

Eu sei, porque eu sei, que se Deus é por nós, nada e ninguém poderá ser contra nós.

A vitória que vence o mundo é a nossa **fé**.

"Eu te exaltarei, Senhor, pois tu me reergueste e não deixaste que meus inimigos se divertissem às minhas custas. Senhor, meu Deus, a ti clamei por socorro e tu me curaste. Me tirou das profundezas, prestes a descer à cova e me devolveu à vida."

— Salmos 30

Obrigado por voar conosco.

As páginas se fecham, mas as histórias continuam.

AGRADECIMENTO

A realização deste livro foi possível graças à união de pessoas comprometidas com algo maior: inspirar, transformar e tocar vidas por meio da palavra escrita.

A Editora Newcastle agradece, com profundo reconhecimento, a cada um dos mais de 30 coautores que confiaram neste projeto e compartilharam suas histórias com coragem e generosidade. Suas trajetórias dão vida a estas páginas e formam a verdadeira essência de *Olhos de Águia*.

Aos idealizadores José Carlos Boito e Gustavo Martínez, a gratidão por enxergarem além, por acreditarem na força da coletividade e por liderarem com visão e propósito. Seu olhar aguçado foi fundamental para tornar este projeto uma realidade.

A todos os leitores que agora carregam este livro nas mãos: que cada capítulo seja um convite à reflexão e um impulso para voar mais alto, com esperança e determinação.

E a todos os envolvidos, diretos e indiretos, neste processo, o mais sincero "obrigado". Este livro é fruto de um esforço conjunto e de muitos corações alinhados por um mesmo propósito.

Que o livro *Olhos de Águia* continue encontrando caminhos e tocando vidas por onde passar.

WIN INSTITUTO

NEWCASTLE

CONHEÇA OS LIVROS DA EDITORA NEWCASTLE:

- Princípios Poderosos para Recomeçar — Gustavo Martínez
- Se Enxerga: Uma Jornada Transformacional — Jelres Freitas

PREZADO(A) LEITOR(A),

Queremos muito saber a sua opinião sobre nossos livros!
Após a leitura, convidamos você a seguir nossas redes sociais e visitar nosso site para mais conteúdos e novidades.

Redes sociais:
Instagram: **@editoranewcastle | @newcastleidiomas**
LinkedIn: **linkedin.com/company/newcastleidiomas**
YouTube: **@newcastleidiomasoficial | @podcastle_TV**

Site:
www.editora.newcastleidiomas.com.br

Entre em contato conosco e compartilhe suas sugestões, críticas e elogios. Sua opinião é muito importante para nós!

Impressão e Acabamento
Bartiragráfica
(011) 4393-2911